C.H.BECK WISSEN

Am Allerheiligentag des Jahres 1700 verstarb im Alcázar von Madrid im Alter von nur 38 Jahren und kinderlos ein König, auf dessen Ableben die europäischen Regierungen schon seit Jahrzehnten hoffnungs- oder sorgenvoll gewartet hatten. Zwar hatten sich Karl II. und seine Minister redlich bemüht, eine Nachfolgeregelung zu treffen, die dem spanischen Reich die Einheit sichern und Europa einen Krieg ersparen sollte. Doch bereits im folgenden Jahr begannen die Kämpfe um das riesige Erbe und weiteten sich rasch zu einem Krieg von europäischen, ja globalen Dimensionen aus.

Matthias Schnettger beschreibt in diesem Band die Vorgeschichte, den Verlauf und die Folgen dieses langen und dramatischen Konflikts: Als der Spanische Erbfolgekrieg mit den Friedensschlüssen von Utrecht (1713), Rastatt und Baden (1714) endete, hatte er Schlachten wie jene von Malplaquet (1709) gesehen, die mit ihren 36 000 Toten und Verwundeten zu den blutigsten des gesamten 18. Jahrhunderts gehörte. Die politischen Gewichte in Europa hatten sich kräftig verschoben. Manche Ergebnisse dieses Krieges wirken sogar bis heute fort.

Matthias Schnettger lehrt Neuere Geschichte an der Johannes Gutenberg-Universität Mainz. Die Geschichte des Alten Reiches und Italiens sowie die internationalen und transnationalen Beziehungen im frühneuzeitlichen Europa bilden Schwerpunkte seiner Forschung.

Matthias Schnettger

DER SPANISCHE ERBFOLGEKRIEG

1701–1713/14

Verlag C.H.Beck

Mit einer Karte (gezeichnet von Peter Palm, Berlin)
und einer Stammtafel

Originalausgabe

Wilhelmstraße 9, 80801 München, info@beck.de

www.chbeck.de
Reihengestaltung Umschlag: Uwe Göbel (Original 1995, mit Logo),
Marion Blomeyer (Überarbeitung 2018)
Umschlagabbildung: Schlacht von Almansa. © Album/Oronoz/akg-images
Satz: Fotosatz Amann, Memmingen
Druck und Bindung: Druckerei C.H.Beck, Nördlingen
Printed in Germany
ISBN 978 3 406 66173 0

verantwortungsbewusst produziert
www.chbeck.de/nachhaltig
produktsicherheit.beck.de

Inhalt

Einleitung

Am Allerheiligentag des Jahres 1700 verstarb im Alcázar von Madrid erst 38-jährig und kinderlos ein König, auf dessen Ableben die europäischen Regierungen schon seit Jahrzehnten hoffnungs- oder sorgenvoll gewartet hatten. Zwar hatten sich Karl II. und seine Minister redlich bemüht, eine Nachfolgeregelung zu treffen, die dem spanischen Reich die Einheit sichern und Europa einen Krieg ersparen sollte. Doch im folgenden Jahr begannen die Kämpfe um das riesige Erbe. Diese weiteten sich rasch zu einem Krieg von europäischen, ja globalen Dimensionen aus, der bis zu den Friedensschlüssen von Utrecht (1713), Rastatt und Baden (1714) andauerte und die Karten im Spiel der europäischen Mächte ganz neu verteilte.

Beim Spanischen Erbfolgekrieg handelte es sich um einen klassischen Sukzessionskonflikt, wie er im Zeitalter des dynastischen Fürstenstaats geradezu systemisch war. Denn die Kinderlosigkeit eines Fürsten oder eine nur im Entferntesten zweifelhafte Thronfolge riefen allzu rasch Prätendenten auf den Plan, die mit mehr oder weniger guten Argumenten Ansprüche auf das Erbe oder Teile davon erhoben – und möglicherweise bereit waren, darum zu kämpfen. Besonders am Spanischen Erbfolgekrieg war hingegen die Ausdehnung des zur Disposition stehenden Erbes, das neben dem heutigen Spanien umfangreiche Besitzungen in Italien und im heutigen Belgien, aber auch ein gewaltiges Kolonialreich in Mittel- und Südamerika sowie in Asien umfasste. Der Größe dieses Erbes wiederum entsprachen die Zahl der Prätendenten bzw. derjenigen, die den Sukzessionskonflikt zur Verfolgung eigener Ziele zu nutzen gedachten, die geographische Ausdehnung der Kämpfe und der militärische Aufwand, mit dem die Beteiligten ihre Absichten verfolgten. Truppenstärken wie im Spanischen Erbfolgekrieg wurden erst wieder im Siebenjährigen Krieg (1756–1763) und in den Revolutionskriegen der

1790er Jahre erreicht; die Schlacht von Malplaquet (1709) mit ihren 36 000 Toten und Verwundeten gilt als eine der blutigsten des gesamten 18. Jahrhunderts.

Auch wegen seiner bedeutenden Folgen für das europäische Staatensystem kann der Spanische Erbfolgekrieg große Aufmerksamkeit beanspruchen: In seinem letzten und längsten Krieg konnte sich der französische «Sonnenkönig» Ludwig XIV. zwar erneut gegen eine große Koalition europäischer Mächte behaupten und seinem Enkel Philipp den spanischen Thron sichern. Frankreich stand aber zeitweise am Abgrund und musste, wie schon im Frieden von Rijswijk 1697, auch 1713/14 Federn lassen und alle Träume von einer hegemonialen Stellung fürs Erste aufgeben. Die deutschen Habsburger konnten zwar ihre spanischen Thronfolgeansprüche nicht durchsetzen, aber doch einen ansehnlichen Teil des Erbes gewinnen und somit den Aufstieg Österreichs zur Großmacht absichern. Der eigentliche Gewinner aber war England, das sich in eine Position brachte, die es ihm gestattete, in dem sich etablierenden Gleichgewichtssystem der europäischen Mächte die Rolle des Züngleins an der Waage zu spielen. Maßgeblich verantwortlich hierfür waren neben dem Gewinn einiger Stützpunkte im Mittelmeerraum und in Übersee vor allem die Handelsvorteile in den Kolonien, die sich London in den Utrechter Verträgen von 1713 verschaffte.

Das verweist darauf, dass der Spanische Erbfolgekrieg nicht nur eine diplomatische und eine militärische Dimension hatte, sondern dass es auch um massive wirtschaftliche Interessen ging, die – besonders deutlich im englischen Fall – auf die Politik der Kriegführenden einwirkten. Schließlich sei als ein weiterer Aspekt die mediale Seite des Krieges angesprochen: Mit erheblichem Aufwand versuchten die verschiedenen Akteure, die öffentliche Meinung zu steuern. Dabei wurden nicht nur die eigenen Positionen argumentativ untermauert und die des Gegners verworfen, sondern auch Feindbilder und identitätsstiftende Eigenbilder konstruiert. Wie sehr die Haltung der Bevölkerung den Kriegsverlauf beeinflusste, lässt nicht zuletzt der spanische Kampfschauplatz erkennen, wo der habsburgische Thronanwärter Karl sich die Aversionen der Katalanen gegen seinen

Konkurrenten zunutze machen konnte, um in Barcelona Fuß zu fassen, aber eben dadurch zugleich alle Sympathien in den kastilischen Zentralregionen verspielte. Und am Beginn des Weges hin zum Frieden von Utrecht standen die englischen Unterhauswahlen von 1710, die die kriegsmüden Tories an die Regierung brachten.

Der Spanische Erbfolgekrieg und die ihn beendenden Friedensschlüsse hatten beträchtliche mittel- und langfristige Auswirkungen nicht nur in Europa, sondern auch global und markieren eine wichtige Etappe auf dem Weg Großbritanniens zur weltweit führenden See- und Handelsmacht. Selbst im 21. Jahrhundert sind seine Folgen noch spür- und sichtbar, namentlich in dem 1704 eroberten britischen Überseeterritorium Gibraltar.

Die folgende Darstellung zielt nicht auf eine bloße Nacherzählung der Kriegsereignisse ab, sondern wird den Spanischen Erbfolgekrieg in seine unterschiedlichen historischen Kontexte einbetten. Soweit dies in einer knappen Überblicksdarstellung möglich ist, sollen gerade auch Aspekte der inter- und transnationalen Beziehungen jenseits der Haupt- und Staatsaktionen Berücksichtigung finden, wie die Netzwerke der Akteure, das Zeremoniell und die Propaganda. Abgerundet wird die Darstellung durch einige Überlegungen zum Stellenwert des Spanischen Erbfolgekriegs als europäischem Erinnerungsort.

Auch eine Monographie ist nicht das Werk nur eines Autors, sondern dieser ist auf vielfältige Unterstützung angewiesen, die ich von den Mainzer Kolleginnen und Kollegen in reichem Maße erfahren habe. Sebastian Becker, Bettina Braun, Wolfgang Elz, Lisa Klewitz und Josef J. Schmid vom Historischen Seminar der Johannes Gutenberg-Universität sowie Thomas Weller vom Leibniz-Institut für Europäische Geschichte haben das Manuskript ganz oder teilweise kritisch gelesen, manchen Flüchtigkeitsfehler beseitigt und mit ihren Hinweisen wesentlich zur Lesbarkeit des Textes beigetragen. Stefan von der Lahr vom Verlag C.H.Beck hat letzte Unebenheiten beseitigt. Ihnen allen sei hiermit herzlich gedankt. Sollten dennoch Fehler und Ungenauigkeiten stehengeblieben sein, so habe ich diese selbst zu verantworten.

I. Das Erbe und die Erbanwärter

1. Spanien und die spanischen Habsburger im 17. Jahrhundert

Schon am Beginn der Herrschaft des Hauses Habsburg in Spanien stand ein König mit Namen Karl (I.), besser bekannt als Kaiser Karl V. (* 1500, reg. 1515/16/19–1556, † 1558), jener Monarch, in dessen Reich sprichwörtlich die Sonne nicht unterging. Dank einer planvollen dynastischen Heiratspolitik, aber auch aufgrund einiger überraschender familiärer Todesfälle erbte er zum einen über seinen Vater Philipp den Schönen die österreichischen Besitzungen seines kaiserlichen Großvaters Maximilian I. und die burgundisch-niederländischen Gebiete, die seine Großmutter väterlicherseits, Maria von Burgund, in die Ehe eingebracht hatte. Hinzu kamen über seine Mutter, die spanische Infantin Johanna, die Kronen von deren Eltern, den Katholischen Königen Isabella von Kastilien und Ferdinand von Aragón. Die aragonesische Herrschaft schloss umfangreiche Territorien im Mittelmeerraum bis nach Süditalien ein, und jenseits des Atlantiks befand sich das spanische Kolonialimperium im Aufbau.

Diese Zusammenfassung von ganz unterschiedlichen Herrschaftskomplexen, die ihrerseits Territorien mit ganz spezifischen Traditionen und Rechten einschlossen, machte aus dem Reich der Habsburger den Prototyp einer zusammengesetzten Monarchie – so bezeichnet die heutige Geschichtswissenschaft derartige Gebilde, die man sich keineswegs als zentralistisch und einheitlich regierten modernen Nationalstaat vorstellen darf. Karl V. verzichtete 1521 auf das österreichische Erbe zugunsten seines Bruders Ferdinand (* 1503, reg. als Kaiser 1558–1564), der den deutschen Zweig der Habsburger begründete, während die Iberische Halbinsel zu seinem eigenen Herrschaftsschwerpunkt avancierte. Damit wurde Karl zum Begründer der spanischen Linie der *Casa de Austria*. Sein Sohn Philipp II. (reg.

1556–1598) trug zwar nicht mehr die Kaiserkrone, konnte aber insbesondere durch die Nachfolge in Portugal (1580) die Stellung seines Hauses noch einmal beträchtlich ausbauen. Allerdings gab es schon während seiner Regierung erste Anzeichen für eine Krise oder doch für die Grenzen der spanisch-habsburgischen Macht, wie der nicht unter Kontrolle zu bringende Aufstand der niederländischen Nordprovinzen, der Untergang der Großen Armada (1588) und vier Staatsbankrotte (1557, 1560, 1575, 1596). Außerdem deutete sich bereits bei Philipp II. eine dynastische Krise an, nachdem sein ältester Sohn Don Carlos 1568 im Arrest gestorben war. Denn erst aus der vierten Ehe des Königs mit seiner Nichte Anna von Österreich ging der Thronerbe Philipp III. (reg. 1598–1621) hervor. Mit ihm beginnt die Reihe der sogenannten *Austrias Menores*, also derjenigen Habsburger, die sich als weniger ausgeprägte Herrscherpersönlichkeiten erwiesen, sich oftmals auf Günstlingsminister (*Validos*) stützten und unter deren Regierung Spaniens Machtposition allmählich verfiel.

Bis zum Ende der Regierung Philipps IV. (reg. 1621–1665) verschärfte sich die Krise der spanischen Monarchie massiv. Während er in den ersten Jahren seiner Herrschaft noch einige beachtliche außenpolitische Erfolge feiern konnte, häuften sich die Katastrophen seit dem Jahr 1640, als sich neben Portugal auch Katalonien gegen ihn erhob und sich von der spanischen Herrschaft lossagte. Die Schlacht bei Rocroi (1643) zerstörte den Unbesiegbarkeitsnimbus der spanischen Infanterie, der berühmten *Tercios*, und im Frieden von Münster (1648) musste die Unabhängigkeit der Republik der Vereinigten Niederlande endgültig anerkannt werden. Der Pyrenäenfrieden von 1659, der den seit 1635 andauernden Krieg mit Frankreich beendete, bescherte Spanien lediglich überschaubare territoriale Verluste. Dennoch signalisierte er, dass die Führungsrolle unter den großen katholischen Monarchien von Spanien auf Frankreich übergegangen war, zumal Philipp IV. genötigt wurde, seine ältere Tochter Maria Theresia (1638–1683) mit dem jungen französischen König Ludwig XIV. zu verheiraten. Auch die politische Einheit der Iberischen Halbinsel war endgültig zerfallen, da es der Madrider Regierung zwar gelungen war, Katalonien zu unterwerfen, nicht aber Portugal, dessen Unabhängigkeit im Frieden von Lissabon (1668) anerkannt wurde. Trotz allem war das Reich gewaltig, das Philipp IV. seinem vierjährigen Sohn Karl II. (reg. 1665–1700) hinterließ: Neben dem eigentlichen Spanien umfasste es in Italien das Königreich Neapel und das Herzogtum Mailand, strategisch wichtige Plätze an der ligurischen und der toskanischen Küste (Markgrafschaft Finale und Stato dei Presidii), dazu die Inselkönigreiche Sizilien und Sardinien, ferner die im Wesentlichen das heutige Belgien und Luxemburg umfassenden Spanischen Niederlande, die Freigrafschaft Burgund und die Grafschaft Charolais und nicht zuletzt den riesigen Kolonialbesitz in Süd- und Mittelamerika sowie auf den Philippinen. Im Großen und Ganzen blieb dieser Territorialbestand der spanischen Krone während der Regierung Karls II. erhalten; verloren gingen in Europa nur Teile der Niederlande, die Freigrafschaft und das Charolais, die an Frankreich bzw. die Condé fielen.

Trotz der also immer noch beeindruckenden Ausdehnung seiner Besitzungen befand sich Spanien in der zweiten Hälfte des 17. Jahrhunderts erkennbar in einer Krise. Auch wenn deren Ursachen und Tragweite im Einzelnen umstritten sind, lässt sich festhalten, dass es sich keineswegs nur um eine Regierungskrise handelte, die Teile der älteren Forschung nicht zuletzt mit einer «Weiberherrschaft» am Madrider Hof begründeten. Neben der bereits angesprochenen außenpolitischen Schwäche waren die Probleme auch in Wirtschaft und Gesellschaft unübersehbar. Im 17. Jahrhundert gab es gravierende demographische Einbrüche. Der Bevölkerungsschwund hatte vielfältige Ursachen: Die spanischen Königreiche verloren 300 000 Einwohner aufgrund der Vertreibung der zum Christentum zwangskonvertierten Mauren, der sogenannten Morisken, ferner 100 000 durch Auswanderung in die Kolonien. Wegen einer Krise der Landwirtschaft war die Ernährungssituation der Menschen auf der Iberischen Halbinsel prekär. Missernten und ausbleibende Getreideeinfuhren konnten leicht zu Hungersnöten führen. Die zu erheblichen Teilen verelendete Bevölkerung erwies sich als besonders anfällig für Epidemien. Allein zwischen 1647 und 1652 soll die Pest knapp 600 000 Menschenleben gefordert haben, und von 1676 bis 1685 erlagen ca. 250 000 Menschen weiteren Seuchen. Besonders hart betroffen waren die Kriegsgebiete in der Extremadura an der Grenze zu Portugal sowie die an Frankreich grenzenden Provinzen im Nordosten. Andererseits gehörte Katalonien zugleich zu denjenigen Gebieten, in denen sich in der zweiten Jahrhunderthälfte Anzeichen einer wirtschaftlichen und demographischen Erholung zeigten. Um 1700 soll in etwa wieder der Bevölkerungsstand vom Beginn des Jahrhunderts (ca. 7,4 Mio. Einwohner) erreicht worden sein.

Zugleich lassen sich, wenngleich noch recht punktuell, Hinweise auf eine vorsichtige Öffnung Spaniens für neue geistige Strömungen ausmachen: Es wurden erste Zeitungen gegründet, in einigen Städten (z. B. Sevilla, Valencia) fand in den adligen Salons das Gedankengut der frühen Aufklärung Eingang, und unmittelbar vor dem Erbfolgekrieg wurde in Sevilla die Königliche Gesellschaft für Medizin und andere Wissenschaften gegründet (1700).

Die noch recht zaghaften und fragilen Ansätze einer Besserung der Gesamtsituation gingen zumindest zum Teil auf Reforminitiativen der Madrider Regierung zurück. Vom merkantilistischen Geist geprägte Maßnahmen wie die Einrichtung eines Handelsrats (*Junta de Comercio*) 1679 und eines Rats für monetäre Fragen (*Junta de Moneda*) im selben Jahr zielten auf eine Belebung von Handel und Gewerbe ab. Zugleich sollte eine Steuerreform für eine gerechtere Lastenverteilung sorgen. Eine durchgreifende Sanierung der Staatsfinanzen gelang allerdings nicht, auch wenn dank der Silberflotten immer noch große Edelmetallmengen aus Amerika nach Spanien strömten. Der profitable Handel mit den Kolonien blieb allerdings großenteils in den Händen ausländischer Kaufleute und Bankiers, zum Teil auf der Basis königlicher Privilegien (*Asientos*), zum Teil aber auch durch Schmuggel bzw. Schleichhandel, den die kolonialen Behörden nicht unterbinden konnten oder wollten.

Damit ist angesprochen, dass die Krise des 17. Jahrhunderts auch einen massiven Autoritätsverlust der spanischen Krone einschloss. Längst hat die Forschung mit dem Bild eines monarchischen Absolutismus aufgeräumt, der den Willen des Königs bis in die letzten Winkel des Reiches hätte zur Geltung bringen können. Schon aufgrund der begrenzten Kommunikationsmöglichkeiten und der schwach ausgebildeten Verwaltung wäre das kaum möglich gewesen. Die Krise der spanischen Krone ging aber über solche strukturellen Grenzen der monarchischen Machtvollkommenheit hinaus. Für das 17. Jahrhundert ist ein Verfall der öffentlichen Ordnung in Spanien und seinen Nebenlanden feststellbar, wobei spektakuläre Aufstände, wie in Messina 1674–78 oder in Katalonien 1687–89, nur die Spitze des Eisbergs markierten. Mit dem königlichen Autoritätsverlust ging ein wachsendes Selbstbewusstsein des Adels einher, das sich gerade angesichts der Degenerationserscheinungen im Königshaus offenbarte.

Denn nicht zuletzt und völlig unverkennbar war die Krise Spaniens im 17. Jahrhundert dynastischer Natur. Schon bei Philipp IV. war es lange Jahre zweifelhaft gewesen, ob er sein Reich einem überlebensfähigen Nachfolger würde hinterlassen können, nachdem sein ältester Sohn Balthasar Carlos 1646 verstorben war. Ab 1657 wurden ihm zwar von seiner zweiten Gemahlin Maria Anna von Österreich (1634–1696) in rascher Folge drei weitere Söhne geboren, von denen allerdings nur der jüngste, Karl, überlebte. Doch auch dieser war erkennbar durch die Folgen der habsburgischen Verwandtenheiraten gezeichnet: Karls Mutter Maria Anna war nicht nur die Gemahlin Philipps IV., sondern als Tochter seiner gleichnamigen Schwester zugleich seine Nichte. Bei den Vorfahren Karls finden sich weitere Beispiele solcher innerfamiliären Ehen, sodass sein Stammbaum in extremer Weise von einem «Ahnenschwund» oder «Ahnenverlust» geprägt war: Karl II. hatte in der fünften Ahnengeneration nur 10 verschiedene Vorfahren – normalerweise sind es 32!

Die Folgen dieser reduzierten genetischen Varietät waren bei Karl II. unübersehbar: Physiognomische Besonderheiten wie die berühmte habsburgische Unterlippe waren bei ihm bis zur Karikatur ausgeprägt. Seine Körper- und Geisteskräfte waren gering. 1685 beschrieb ihn der päpstliche Nuntius Marcello Durazzo wie folgt: «Der König ist eher klein als groß, hager, schlecht gewachsen, bietet einen unerfreulichen Anblick, er hat einen langen Hals, ein langes, nach oben gebogenes Kinn, den typischen Mund des Hauses Österreich und eine zarte, empfindliche Haut. Das Haar ist blond und lang und wird nach hinten getragen, sodass die Augen betont werden. Er kann seinen Körper nicht gerade aufrichten, sondern, wenn er geht, stützt er sich auf einen Tisch oder eine Mauer oder etwas anderes. Sein Körper ist schwach wie sein Verstand. Zuzeiten zeigt er Zeichen von Intelligenz, Erinnerung und Lebhaftigkeit, gegenwärtig jedoch nicht. Er erscheint schwerfällig und antwortet nicht, ungeschickt, träge, mit dummem Gesichtsausdruck. Man kann tun, was man will, er hat keinen eigenen Willen.» Eine nationalspanische Historiographie hat hierfür eine unzureichende Erziehung mitverantwortlich gemacht, die wesentlich seiner Mutter Maria Anna von Österreich angelastet wurde. Viele Zeitgenossen sahen übernatürliche, böse Kräfte am Werk – eine Auffassung, die von Karl selbst geteilt wurde, der nicht umsonst den Beinamen «der Behexte» (*el Hechizado*) trug.

Eine Konsequenz aus der Schwäche des Monarchen war der große Einfluss, den seine Umgebung auf ihn nehmen konnte. In den ersten Jahren des Königtums Karls II. spielte die Königinmutter Maria Anna eine zentrale Rolle, die für ihren Sohn bis 1677 die Regentschaft führte. Dies war eine im frühneuzeitlichen Europa weitverbreitete Lösung, um die Zeit der Minderjährigkeit eines regierenden Fürsten zu überbrücken. Die Regentschaft Maria Annas, die zum Ärger vieler Spanier ihrem österreichischen Beichtvater Johann Eberhard Nithard einen beherrschenden Einfluss einräumte, blieb jedoch nicht unangefochten. Ein gefährlicher Gegenspieler erwuchs ihr in der Person des unehelichen Sohnes Philipps IV., Don Juan José de Austria (1629–1679), der sich in den Kriegen gegen Frankreich und Portugal einige Verdienste erworben hatte und eine beachtliche Popularität im Land genoss, jedoch vom verstorbenen König ausdrücklich aus dem Regentschaftsrat ausgeschlossen worden war. 1669 gelangte Don Juan José durch einen unblutigen Staatsstreich erstmals an die Regierung. Pater Nithard wurde als Gesandter nach Rom geschickt, doch im selben Jahr wurde auch Juan José wieder kaltgestellt, indem er auf Betreiben kastilischer Granden, die seine Reformpläne fürchteten, als Generalstatthalter der Krone Aragón vom Hof entfernt wurde. Von nun an dominierte wieder der Einfluss der Königinmutter, die sich erneut auf einen Außenseiter stützte, den aus andalusischem Landadel aufgestiegenen Fernando de Valenzuela. Doch an der Jahreswende 1676/77 erzwangen einige Granden die Entlassung Valenzuelas und die Berufung Don Juan Josés zum faktischen Ersten Minister. Die oben genannten Reformansätze waren großenteils sein Werk. Viel Zeit blieb ihm aber nicht, da er bereits 1679 verstarb; insofern fällt es auch schwer, seine staatsmännischen Qualitäten und Erfolge abschließend zu beurteilen.

Auch in den 1680er und 1690er Jahren kam die spanische Regierung nicht in ein ruhigeres Fahrwasser. Es gab zwar einige durchaus fähige Minister, die sich, wie der Herzog von Medinaceli oder der Graf von Oropesa, über mehrere Jahre an der Macht behaupten konnten, insgesamt war die Kontinuität in den Regierungsinstitutionen jedoch gering. Dies war wesentlich durch die Rivalitäten unterschiedlicher Adelsfraktionen und Hofparteien bedingt, von denen es keine vermochte, einen ausschließlichen und dauerhaften Einfluss auf den hinfälligen König zu behaupten.

Eine wichtige außenpolitische Weichenstellung während der Amtszeit Don Juan Josés war eine Annäherung an Frankreich, die in der 1679 erfolgten Vermählung Karls II. mit der französischen Prinzessin Marie Louise von Orléans (1662–1689) ihren sichtbarsten Ausdruck fand. Diese Verbindung blieb aber ebenso kinderlos wie die 1690 geschlossene zweite Ehe mit Maria Anna von Pfalz-Neuburg (1667–1740). Das Fehlen von Nachkommen, dem man bis zum Ende mit den unterschiedlichsten Mitteln, von ärztlichen Kuren bis hin zu Fürbitten und Exorzismen, beizukommen suchte, war die eigentliche Katastrophe der «Regierung» Karls II.: Im Zeitalter des dynastischen Fürstenstaats konnte eine ungeklärte Nachfolge auf dem Thron eine Staatskrise hervorrufen, ja sogar die Aufteilung des zur Disposition stehenden Landes oder seine Inkorporation in eine andere Monarchie bedeuten. Das Ziel, ein solches Schicksal von Spanien abzuwenden, war der Dreh- und Angelpunkt der Madrider Politik zumal in den späten Jahren Karls II., als die Hoffnung auf königliche Nachkommenschaft immer unrealistischer geworden war. In den Bemühungen um eine reibungslose Sukzession waren die regierende Königin und bis zu ihrem Tod 1696 auch die Königinmutter Maria Anna wichtige Akteurinnen, aber auch verschiedene einflussreiche weltliche und geistliche Würdenträger engagierten sich, wie der Kardinalerzbischof von Toledo, Luis Manuel Portocarrero Guzmán, der in der Endphase des Ringens um die Erbfolge eine Schlüsselrolle spielen sollte.

2. Erbansprüche und Erbfolgeregelungen

Eine grundlegende Bedeutung für die Suche nach einem Nachfolger Karls II. besaß das dynastische Erbrecht. Da der König selbst keine Kinder hatte, richtete sich der Blick auf seine Verwandten, in erster Linie auf seine Schwestern, denn in Spanien galt wie in vielen europäischen Ländern ein subsidiäres weibliches Erbrecht, das beim Fehlen männlicher Nachkommen zum Zuge kam. Von den zahlreichen ehelichen Kindern Philipps IV. hatten außer Karl nur seine Halbschwester Maria Theresia und seine Schwester Margarethe Theresia (1651–1673) überlebt und Kinder hinterlassen. Deren Erbansprüche auf die spanische Krone waren allerdings mit einigen Unwägbarkeiten belastet.

In erster Linie auf die Infantin Maria Theresia stützten sich die Ansprüche des französischen Königshauses: Sie war das einzige überlebende Kind Philipps IV. und seiner ersten Gemahlin, der französischen Prinzessin Elisabeth. Infolge des Pyrenäenfriedens von 1659 heiratete sie 1660 Ludwig XIV. von Frankreich. Auf den ersten Blick handelte es sich dabei um eine der sogenannten Rekonziliationsheiraten, die – meist vergeblich – auf einen dauerhaften Frieden zwischen den beiden Hauptmächten des katholischen Europa abzielten. Das war in diesem Fall allerdings höchstens die halbe Wahrheit, denn von französischer Seite war diese Ehe bereits mit Blick auf eine etwaige spanische Erbfolge forciert worden. Spanischerseits hatte man bourbonischen Thronansprüchen durch feierliche Verzichtserklärungen der Infantin vorzubauen gesucht; was diese aber im Ernstfall wert sein würden, war von Anfang an fraglich. Eine Handhabe, um die Gültigkeit des Erbverzichts anzufechten, bot Frankreich die Nichtauszahlung der im Ehevertrag vereinbarten ungeheuren Mitgift in Höhe von 500 000 Goldécus. Doch auch das etablierte spanische Thronfolgerecht und das französische Staatsrecht konnten ins Feld geführt werden. Bereits der Devolutionskrieg (1667/68), in dem Ludwig XIV. aufgrund zweifelhafter Rechtstitel die Spanischen Niederlande angriff, zeigte, dass der Sonnenkönig nicht geneigt war, die Erbansprüche seiner Gemahlin ungenutzt zu lassen. Schon damals deutete sich an, dass die machtpolitischen Verhältnisse über die Durchsetzbarkeit des Verzichts Maria Theresias entscheiden würden. Die Königin selbst verstarb schon 1683, sodass ihre Thronansprüche auf den einzigen überlebenden Sohn und französischen Thronfolger, den Grand Dauphin Ludwig (1661–1711), und dessen Söhne übergingen. Gestärkt wurden die Ansprüche des Hauses Bourbon dadurch, dass auch Ludwig XIV. Sohn einer spanischen Prinzessin war, Annas von Österreich, einer Tochter Philipps III.

Ursprünglich hatte Maria Theresia nach Österreich verheiratet werden sollen. Letztlich aber hatte sich Leopold I. (1640–1705), der seit 1657 über die Territorien der österreichischen Habsburger herrschte und 1658 in Frankfurt zum römisch-deutschen Kaiser gewählt worden war, mit der jüngeren Infantin begnügen müssen. Margarethe Theresia war allerdings im Gegensatz zu Maria Theresia bei ihrer Hochzeit 1666 kein Verzicht auf ihre Thronansprüche abverlangt worden, und insofern kam ihr eine Schlüsselrolle in der spanischen Erbfolgefrage zu.

Anders als beabsichtigt stärkte die innerhabsburgische Hochzeit von 1666 letztlich jedoch nicht die Erbansprüche der deutschen Linie des Hauses Österreich, sondern führte vielmehr dazu, dass mit dem bayerischen Kurprinzen Joseph Ferdinand ein neuer Prätendent auf die spanische Krone auftrat. Denn die bereits 1673 nach siebenjähriger, durchaus glücklicher Ehe verstorbene Margarethe Theresia übertrug ihre Ansprüche auf ihre einzige überlebende Tochter Maria Antonia (1669–1692), die 1685 mit dem bayerischen Kurfürsten Maximilian II. Emanuel (*1662, reg. 1679–1726) verheiratet wurde. Sie hatte auf Verlangen ihres kaiserlichen Vaters zwar einen umfassenden Erbverzicht geleistet, der von spanischer Seite jedoch nicht anerkannt wurde. Und so war ihr einziger überlebender Sohn Joseph Ferdinand (1692–1699) als Urenkel Philipps IV. in den 1690er Jahren einer der aussichtsreichsten Kandidaten auf die spanische Krone. Die Nähe des Hauses Wittelsbach zur spanischen Monarchie wurde dadurch unterstrichen, dass Kurfürst Max Emanuel ab 1691/92 die Position eines Generalstatthalters der Spanischen Niederlande bekleidete.

Nicht zuletzt aber hielten die österreichischen Habsburger an ihren Ansprüchen auf Spanien fest. Grundlegend war das Verständnis eines einheitlichen Gesamthauses Österreich, der *Casa de Austria*, das durch zahlreiche innerfamiliäre Ehen immer wieder neu bekräftigt worden war, auch wenn seit der Mitte des 17. Jahrhunderts eine gewisse Abkühlung des Verhältnisses zwischen Wien und Madrid unübersehbar wurde. Leopold I. selbst war ebenso wie Ludwig XIV. von Frankreich der Sohn einer spanischen Infantin, Maria Annas, der jüngeren Tochter Philipps III., die *nicht* auf ihre Thronansprüche hatte verzichten müssen. Ausdrücklich hatte das Testament Philipps IV. nach Karl II. und Margarethe Theresia samt ihren Nachkommen auch den österreichischen Habsburgern ein Erbfolgerecht zugesprochen – im Gegensatz zu den bourbonischen Abkömmlingen der Infantinnen Anna und Maria Theresia. Aus seiner spanischen Ehe hatte Leopold freilich keine männlichen Nachkommen. Seine Söhne stammten aus seiner dritten Ehe mit Eleonore Magdalene von Pfalz-Neuburg. Dass der jüngere, Karl (1685–1740), als spanischer Thronkandidat vorgesehen war, signalisierte schon sein Name. Allerdings hatte sich Kaiser Leopold I. 1668, in einer Phase außenpolitischer Schwäche und einer versuchten Annäherung an Frankreich, zu einem geheimen Teilungsvertrag bereitgefunden, durch den er sich zwar den Löwenanteil des spanischen Erbes zu sichern hoffte, der aber durch die prinzipielle Anerkennung der bourbonischen Prätentionen seinen exklusiven

Erbanspruch unterhöhlte. Der Vertrag von 1668 blieb freilich bemerkenswerterweise tatsächlich – und zwar bis ins 19. Jahrhundert! – geheim und hatte letztendlich keinen Einfluss auf die faktische Regelung der Sukzessionsfrage.

Neben den bourbonischen, wittelsbachischen und habsburgischen Thronanwärtern gab es noch einen Außenseiter: Herzog Viktor Amadeus II. von Savoyen (1666–1732, reg. 1675–1730), dessen Urgroßmutter die spanische Infantin Katharina Michaela, eine Tochter Philipps II., war. Seine Verwandtschaft mit Karl II. war zwar wesentlich weitläufiger als die der anderen Prätendenten, aber er stammte aus einer älteren weiblichen Linie des spanischen Königshauses, denn Katharina Michaela war die ältere Halbschwester Philipps III. Immerhin fanden die Ansprüche des Hauses Savoyen im Gegensatz zu denen Frankreichs im Testament Philipps IV., wenn auch an letzter Stelle, Berücksichtigung.

Erbrechtliche Erwägungen bildeten aber nur eine Komponente in dem Ringen um die spanische Krone. Schon in den 1680er Jahren hatten die Prätendenten ihre Ansprüche in völkerrechtlichen Verträgen zu sichern gesucht und so dazu beigetragen, dass die Erbfolgefrage zu einem Gegenstand der europäischen Mächtepolitik wurde. Diese Tendenz verstärkte sich, als der Sukzessionskonflikt Ende der 1690er Jahre in seine heiße Phase trat. Immer offensichtlicher schalteten sich auch diejenigen Mächte ein, die zwar keine eigenen Erbansprüche, sehr wohl aber eigene Interessen zu vertreten hatten. Auch für manche spanische Akteure war es weniger wichtig, wer Karl II. auf dem Thron folgen würde. Für sie stand das Ziel im Vordergrund, dass unter einer neuen Dynastie das Reich ungeschmälert fortbestehen würde.

3. Die Teilungsverträge von 1698 und 1700

Mit dem Rijswijker Frieden, der den Neunjährigen Krieg (1688–1697), in Deutschland besser bekannt als Pfälzischer Erbfolgekrieg, beendete, den die Große Allianz zwischen dem Kaiser, Spanien, England, der Republik der Vereinigten Niederlande und anderen gegen Frankreich ausgefochten hatte, trat die spanische

Erbfolgefrage in eine neue Phase. Zum einen endete der Kriegszustand zwischen Frankreich und Spanien, was eine Wiederaufnahme der diplomatischen Beziehungen ermöglichte. Zum anderen schalteten sich nun auch England und die Vereinigten Niederlande ein. Die beiden Seemächte wurden zu diesem Zeitpunkt sozusagen in Personalunion regiert, denn der niederländische Statthalter und Generalkapitän Wilhelm III. von Oranien (1650–1702) hatte im Zuge der Glorreichen Revolution 1688/89 gemeinsam mit seiner Gemahlin Maria Stuart (1662–1694) den englischen Thron bestiegen. Wilhelm stand zwar hinsichtlich seiner Außenpolitik in Abhängigkeiten vom britischen Parlament und vor allem von den niederländischen Generalstaaten. Alles in allem kann man aber von einer weitgehenden Koordination der englischen und niederländischen Diplomatie in diesen Jahren sprechen.

Das Engagement der Seemächte in der spanischen Erbfolgefrage zielte vor allem auf die Vermeidung eines neuen Krieges ab. Um dies zu erreichen, erschien ein Interessenausgleich zwischen den Prätendenten als das sicherste Mittel, wobei auch die Ansprüche des bisherigen Kriegsgegners Ludwigs XIV. zu berücksichtigen waren. Zu verhindern war dabei unbedingt, dass einer der Erben – v. a. Frankreich, aber auch Österreich – einen solchen Machtgewinn erzielte, dass er eine Vorherrschaft in Europa, in der Sprache der Zeitgenossen: eine Universalmonarchie, errichten konnte.

Im Januar/Februar 1698 begannen englisch-französisch-niederländische Geheimverhandlungen über die spanische Erbfolgefrage. Ihr Ergebnis war ein als geheim deklarierter, aber nicht lange geheim bleibender Vertrag, der am 11./21. Oktober 1698 in Den Haag unterzeichnet wurde. Begründet wurde er in der Präambel ausdrücklich mit den Zielen der Kriegsvermeidung und der Verhinderung einer allzu großen Länderakkumulation unter einem Herrscher. Haupterbe sollte der bayerische Kurprinz Joseph Ferdinand sein, dem Spanien und die Kolonien, die Spanischen Niederlande und Sardinien zufallen sollten. Als Nebenerben waren der französische Dauphin und Erzherzog Karl vorgesehen. Während Letzterer in Mailand eine habsburgische Nebenlinie begründen sollte, würde der Bourbone Neapel, Sizilien, die Küstenplätze in der Toskana und Ligurien erben, die bei seinem Regierungsantritt mit der Krone Frankreich vereinigt würden. Die Sicherheits- und Handelsinteressen der Seemächte zeigten sich in diesem Vertrag nicht zuletzt darin, dass Frankreich aus den Spanischen Niederlanden und den Kolonien ferngehalten und sein maritimes Interesse in den Mittelmeerraum abgelenkt wurde. Für das Haus Bourbon wiederum war jenseits der konkret in Aussicht gestellten Vorteile von großer Bedeutung, dass durch den Vertrag seine Erbansprüche prinzipiell völkerrechtlich anerkannt wurden.

In Madrid und Wien wurde die Nachricht vom Teilungsvertrag mit Empörung aufgenommen. Kaiser Leopold sah sich von den Seemächten verraten, die sich zur Zeit der Großen Allianz zur Unterstützung der österreichischen Thronansprüche verpflichtet hatten, und hielt an seinem exklusiven Erbanspruch fest. Anders als beim Geheimvertrag von 1668 weigerte er sich, einen Teilungsvertrag zu akzeptieren, im unerschütterlichen Glauben an sein geheiligtes Recht und auch aufgrund der ganz richtigen Einschätzung, dass der Madrider Hof sich keinesfalls auf eine Erbteilung einlassen werde.

In der Tat ließ die Reaktion Spaniens nicht lange auf sich warten: Auf Drängen seiner Umgebung verfasste Karl II. im November 1698 ein Testament, in welchem er unter weitgehender Bestätigung einer älteren Verfügung von 1696 den bayerischen Kurprinzen zum Universalerben berief und als Ersatzerben den Kaiser sowie Viktor Amadeus von Savoyen benannte. Während der Kaiser und die Seemächte dies hinnahmen, bemühte sich Ludwig XIV., Spanien und Bayern mit Drohungen zur Anerkennung des Teilungsvertrags zu bewegen. Doch schon bald war dieser Makulatur, denn am 6. Februar 1699 verstarb in Brüssel der kleine Kurprinz. Damit schied der geborene Kompromisskandidat aus dem Rennen um die spanische Krone aus.

Erneut begannen Geheimverhandlungen zwischen den Vertretern Ludwigs XIV. und Wilhelms III., und bereits im Juni 1699 war man sich einig. Aufgrund des Zögerns der niederländischen Generalstaaten, die am liebsten den Kaiser in eine Lösung eingebunden hätten, konnte der sogenannte Zweite Teilungsvertrag allerdings erst im März 1700 in London bzw. Den Haag unterzeichnet werden. Als neuer Haupterbe war Erzherzog Karl vorgesehen, der den ursprünglich dem Kurprinzen zugedachten Anteil erhalten sollte. Ausdrücklich wurde dabei festgehalten, dass seine Besitzungen niemals mit der Kaiserkrone vereinigt werden dürften. Der Anteil des Dauphins wurde um Lothringen erweitert, dessen Herzogsdynastie mit Mailand entschädigt werden sollte. Wäre der Vertrag umgesetzt worden, so wäre eine neue spanische Linie des Hauses Habsburg auf verringerter territorialer Basis begründet worden; Frankreich dagegen hätte nicht nur umfangreichen Besitz in Italien, sondern auch das schon lange ins Visier genommene Lothringen gewonnen. Ein neues Element war die Verpflanzung des eigentlich unbeteiligten Hauses Lothringen, das dem Interessenausgleich zwischen den großen Mächten geopfert wurde. Eine etwaige Weigerung des Herzogs wurde gleich einkalkuliert; in diesem Fall sollte Mailand an Viktor Amadeus von Savoyen oder Max Emanuel von Bayern übertragen werden und Frankreich ein Äquivalent für Lothringen (genannt wurden u. a. Luxemburg und Savoyen) erhalten.

Das eigentliche Hindernis für die Umsetzung des Vertrags war aber nicht der lothringische Herzog, der im Juni 1700 auf französischen Druck hin einen Tauschvertrag mit Ludwig XIV. unterzeichnete, sondern das andauernde Widerstreben Madrids gegen eine Teilung des Erbes. In der Wiener Hofburg wurde intensiv über die Annahme des Vertrags diskutiert, der für das Haus Österreich immerhin beachtliche Vorteile beinhaltete. Ein gravierender Schönheitsfehler war der Verzicht auf Mailand, das als Reichslehen und Basis für eine kaiserliche Reichsitalienpolitik, aber auch aus sicherheitspolitischen Erwägungen für unverzichtbar gehalten wurde. Schließlich verstrich die dem Kaiser zum Beitritt gesetzte Frist ungenutzt. Die Realisierbarkeit des Teilungsvertrags beim Tode Karls II. stand damit in den Sternen.

Längst aber war die Erbfolgefrage keine bloße Angelegenheit der fürstlichen Kabinette mehr: Die europäischen Öffentlichkeiten nahmen in steigendem Maße Anteil an der Zukunft des spanischen Reiches, zumal die verschiedenen Akteure für ihre Positionen und Ansprüche warben. Im Hinblick auf einen drohenden Konflikt galt es, gegenüber einer höfischen Öffentlichkeit den eigenen Standpunkt zu legitimieren und zudem eine sich in den verschiedenen Ländern in unterschiedlicher Weise herausbildende räsonierende Öffentlichkeit der gebildeten Stände zu beeinflussen. Der gesamte Erbfolgestreit wurde von einer vielfältigen Publizistik und Propaganda begleitet, die nicht nur eine Hintergrundmusik zu den «eigentlichen» diplomatisch-militärischen Aktionen abgab, sondern durchaus einen für die Entwicklung des Konflikts relevanten Faktor darstellte.

II. Der Weg in den Krieg

1. Das letzte Testament Karls II.

Während die Seemächte auf einen möglichst allgemein akzeptierten Teilungsvertrag zur Vermeidung eines Erbfolgekonflikts setzten, dauerten in Madrid die Bemühungen um eine testamentarische Lösung an. Nach dem Tod des Kurprinzen und dem damit einhergehenden Wegfall der bayerischen Option lassen sich drei Lager oder «Parteien» unterscheiden: die österreichische und die französische Partei sowie eine Gruppierung, die man als «nationalspanisch» bezeichnen könnte und deren vorrangiges Ziel es war, die Einheit der Gesamtmonarchie zu behaupten.

Neben den kaiserlichen Gesandten Ferdinand Bonaventura Graf Harrach und seinem Sohn Aloys Thomas Raimund war Königin Maria Anna von Pfalz-Neuburg das Haupt der österreichischen Partei und setzte sich mit großem Nachdruck für die Nachfolge ihres Neffen Erzherzog Karl ein. Eine nennenswerte französische Partei gab es am spanischen Hof seit dem Tod der Königin Marie Louise (1689) angesichts des langjährigen Krieges mit Ludwig XIV. nicht, auch wenn einige hohe Adlige wie der Graf von Oropesa, der 1685 bis 1691 und erneut 1698/99

Erster Minister war, zeitweise als gut französisch gegolten hatten. Der neue Botschafter Ludwigs XIV. in Madrid, Henri d'Harcourt, hatte also echte «Aufbauarbeit» zu leisten. Zum Teil spielte ihm Königin Maria Anna in die Hände, die manchen Granden vor den Kopf stieß und deren Vertraute, die Gräfin Gertrud von Berlepsch, vielen so verhasst war, dass der Kaiser im Frühjahr 1700 ihre Entfernung aus Madrid veranlasste. Mindestens ebenso nachteilig für die österreichische Partei war, dass Leopold I. es versäumt hatte, seinen Lieblingssohn Karl frühzeitig nach Spanien zu schicken und so zum «natürlichen», quasi einheimischen Thronfolger aufzubauen. Zwar hatte er 1695 in der Endphase des Neunjährigen Krieges Hilfstruppen unter dem Oberbefehl Georgs von Hessen-Darmstadt nach Spanien gesandt, die in Katalonien gegen die Franzosen kämpften. Frankreich aber hatte durch die Einnahme Barcelonas kurz vor Kriegsende einerseits erneut seine überlegene Macht unter Beweis gestellt und durch die Schonung Spaniens im Frieden von Rijswijk 1697 andererseits demonstriert, dass es zu einem Ausgleich mit Spanien bereit sei. Zugleich zeigte sich Ludwig XIV. entschlossen, eine Reise des Erzherzogs nach Madrid zu Lebzeiten Karls II. zu verhindern, und stand hierbei im Einklang mit dem Zweiten Teilungsvertrag, der ebendies ohne Zustimmung der Signatarmächte untersagte.

Es waren keineswegs nur oder vorwiegend emotionale Gründe oder die Wirkungen der monetären «Handsalben» Frankreichs, die viele spanische Granden und insbesondere Kardinal Portocarrero, der seit dem Frühjahr 1699 faktisch die Stellung eines Ersten Ministers innehatte, dazu bewogen, sich dem Haus Bourbon zuzuwenden: Um die Teilungspläne der Mächte abzuwenden, bedurfte es eines durchsetzungsfähigen und anerkannten Alleinerben, und der war mit größter Wahrscheinlichkeit im französischen Königshaus zu finden. Wie die Seemächte wünschten auch die spanischen Minister keinesfalls eine Vereinigung der beiden Monarchien. Als Ausweg erwog man, dass durch Philipp von Anjou (1683–1746), den zweiten Sohn des Grand Dauphin Ludwig, eine eigenständige spanische Linie des Hauses Bourbon begründet würde.

Das vielleicht größte Hindernis, das es zu überwinden galt, um diesen Plan umzusetzen, war der sieche König. Er hatte bislang stets an dem Ausschluss der nach Frankreich verheirateten Infantinnen und ihrer Nachkommen von der Erbfolge festgehalten, wusste sich seinen österreichischen Verwandten verbunden und wurde von seiner energischen Gemahlin bedrängt, den Erzherzog als Erben einzusetzen. Es gelang Portocarrero jedoch, den Einfluss Maria Annas auszubalancieren, wobei ihm auch seine geistliche Autorität zustatten gekommen sein dürfte. Den wohl entscheidenden Trumpf verschaffte er sich, als es ihm gelang, sogar den Heiligen Stuhl für seine Pläne zu gewinnen.

Im Sommer 1700 wurde immer deutlicher, dass Eile geboten war, wenn man Karl II. zu einem neuen Testament bewegen wollte, da dessen Leben sich unverkennbar dem Ende zuneigte. Vor diesem Hintergrund vermochte Portocarrero ein Votum des spanischen Staatsrats zugunsten des Herzogs von Anjou herbeizuführen und den König zu bewegen, in einem auf den 13. Juni datierten Handschreiben den Papst um Entscheidungshilfe zu bitten. Bemerkenswert rasch erfolgte die Antwort auf der Basis des Gutachtens einer ad hoc eingesetzten Kardinalskongregation: Unter dem Datum des 6. Juli empfahl Innozenz XII. (reg. 1691–1700) die Einsetzung eines der Söhne des Grand Dauphin zum Universalerben. Der Papst sah hierdurch die Interessen der römischen Kirche am besten gewahrt. Es mögen aber auch Irritationen über die Reichsitalienpolitik des Kaiserhofs und dessen Paktieren mit den protestantischen Mächten mitverantwortlich gewesen sein.

Dank des päpstlichen Votums konnte Portocarrero schließlich die Gewissensskrupel des todkranken Königs besiegen, dessen Leiden sich im Herbst 1700 seinem Ende näherte. Am 28. September erhielt er die Sterbesakramente, am selben Tag sprach sich der Staatsrat erneut für die Thronfolge des Herzogs von Anjou aus, und am 3. Oktober unterzeichnete Karl II. sein am Vortag aufgesetztes letztes Testament. Dieses setzte – nach etwaigen eigenen Kindern, mit denen zu diesem Zeitpunkt aber weniger denn je zu rechnen war – Philipp von Anjou zum Universalerben ein. Als Ersatzerben wurden, in dieser Reihenfolge,

Philipps jüngerer Bruder Karl von Berry, Erzherzog Karl und Viktor Amadeus von Savoyen benannt. Begründet wurde diese Erbfolgeregelung mit der Ungültigkeit der Verzichtserklärungen der Infantinnen Anna und Maria Theresia. Den Zielen Portocarreros entsprach es, dass eine Vereinigung Frankreichs und Spaniens durch das Testament kategorisch ausgeschlossen wurde. Außer der Anregung einer Ehe zwischen Philipp und einer Erzherzogin als friedensstiftender Maßnahme enthielt der Letzte Wille, wie üblich, umfangreiche Bestimmungen für die Beisetzungsfeierlichkeiten und Seelenmessen sowie Legate und Verfügungen über den persönlichen Besitz. Ausführlich behandelt wurde auch die Stellung der Königin, die unter anderem dem Regentschaftsrat angehören sollte, der bis zur Ankunft Philipps in Madrid die Geschäfte führen sollte – freilich nicht als Vorsitzende. Ein Kodizill vom 5. Oktober verbesserte die Position Maria Annas, der nun unter anderem ein Residenzrecht in den Niederlanden oder Italien sowie die Übernahme der Statthalterschaft in einer selbst gewählten Provinz zugestanden wurde, veränderte die Kernbestimmungen des Testaments aber nicht.

Offiziell war der Inhalt des Testaments geheim, und die Zeugen hatten Stillschweigen gelobt. Tatsächlich aber waren seine Kernbestimmungen schon Anfang Oktober am Madrider Hof bekannt und wurden von dort in die europäischen Hauptstädte verbreitet. Unterdessen neigte sich das Leben Karls II. seinem Ende zu. Am 26. Oktober nahm der Regentschaftsrat unter dem Vorsitz Portocarreros seine Arbeit auf, und am 1. November verstarb der letzte spanische Habsburger im Alter von 38 Jahren.

Alles kam nun auf die Haltung Ludwigs XIV. an. Unmittelbar nachdem die Todesnachricht aus Madrid am 9. November in Versailles eingetroffen war, begannen die Beratungen, und schon am 10. November beschloss ein Kronrat unter dem Vorsitz des Königs, das Testament anzunehmen – noch bevor einen Tag später die offiziellen Benachrichtigungsschreiben des Regentschaftsrats und der Königinwitwe eingingen. Am 16. November erfolgte die offizielle Annahme des Testaments, und am 24. November wurde Philipp von Anjou in Versailles und (in Abwesenheit) auf der Plaza Mayor in Madrid zum spanischen König Philipp V. proklamiert. Die Ereignisse und damit der Triumph des Hauses Bourbon wurden nicht nur am Hof feierlich begangen, sondern unter anderem durch das Massenmedium der Almanache, illustrierte Wandkalender, in der französischen Öffentlichkeit verbreitet. Betont wurden hier die Rolle Ludwigs XIV. als Königsmacher und die Einheit der Dynastie. Zugleich wurde angedeutet, dass in der neuen französisch-spanischen Verbindung das Übergewicht bei Frankreich liegen würde.

Die Entscheidung des Sonnenkönigs fußte auf der Erkenntnis, dass das Testament und der Teilungsvertrag von 1700 nicht miteinander zu vereinbaren waren. Es bestand also Handlungszwang. Gegen das Festhalten am Teilungsvertrag sprach die Aussicht, dass der Kaiser und Spanien sich seiner Umsetzung entgegenstellen würden und bei einer Ablehnung des Testaments die Thronbesteigung von Erzherzog Karl in Madrid zu befürchten war. Das Votum für das Testament implizierte zwar den Verzicht auf attraktive Gebietsgewinne für Frankreich in Italien und in Lothringen; immerhin aber waren die Chancen gut, die Nachfolge Philipps von Anjou im ganzen spanischen Reich durchzusetzen. Ein militärischer Konflikt mit Österreich war zwar auch in diesem Fall nicht unwahrscheinlich, doch da das Testament Karls II. die strikte Trennung beider Kronen voraussetzte, fiel für die beiden Seemächte der wichtigste Kriegsgrund weg, und man konnte auf ihr Stillhalten hoffen. Ganz in diesem Sinne hatte Ludwig XIV. noch vor der offiziellen Annahme des Testaments seine Gesandten in London und Den Haag angewiesen, gegenüber den Regierungen der Seemächte die französische Friedensliebe zu beteuern.

Die Rechnung Ludwigs XIV. schien aufzugehen: Der Regierungsantritt Philipps V. in Spanien erfolgte reibungslos. Anfang Dezember aus Versailles abgereist, überschritt er am 22. Januar 1701 die Grenze und hielt am 18. Februar seinen feierlichen Einzug in Madrid. Im Mai 1701 huldigten ihm die kastilischen Stände, im Januar bzw. April folgten die Stände Aragóns und Kataloniens. Auch in den außerspanischen Provinzen gab es keine Schwierigkeiten. Der Statthalter der Spanischen Niederlande Max Emanuel von Bayern etwa ließ Philipps Regierungsantritt bereits am 20. November 1700 öffentlich feiern. Und seine italienischen Besitzungen besuchte der neue König im Jahr 1702 persönlich. Zu diesem Zeitpunkt war allerdings entgegen allen Hoffnungen der große Erbfolgekrieg doch ausgebrochen.

2. Die Formierung der Haager Großen Allianz

Frühzeitig zeichnete sich ab, dass Österreich das Fait accompli nicht kampflos anerkennen würde. Bereits im Sommer 1700 gab es Rüstungen, und als Mitte November die Todesnachricht aus Madrid in Wien eintraf, zeigte sich Leopold I. trotz einer einigermaßen nüchternen Lageanalyse durch sein höchstes Ratsgremium, die Geheime Konferenz, entschlossen, weder das Testament noch den Teilungsvertrag anzuerkennen. Die laufenden Verhandlungen mit dem französischen Gesandten Villars wurden zwar nicht abgebrochen, doch unverzüglich wurden weitere diplomatische und militärische Maßnahmen ergriffen: Der Kaiser entsandte mit Johann Wenzel Wratislaw einen seiner besten Diplomaten nach London, um bei Wilhelm III. für eine Erneuerung der Großen Allianz zu werben. Zugleich ernannte er Prinz Eugen von Savoyen, der sich 1697 in der Schlacht bei Zenta einen Namen als Türkensieger gemacht hatte, zum Oberbefehlshaber in Italien. Denn auf Italien, insbesondere das Herzogtum Mailand, konzentrierten sich die Absichten des Wiener Hofes.

Nach kaiserlicher Interpretation war der *Stato di Milano* als Reichsmannlehen durch das Aussterben der spanischen Habsburger an das Reich heimgefallen. Der Versuch des kaiserlichen Kommissars Graf Castelbarco, Mailand im Namen Leopolds in Besitz zu nehmen, scheiterte am 11. Dezember 1700 aber kläglich am Widerstand des spanischen Gouverneurs Vaudémont und des Mailänder Senats. Philipp V. seinerseits erkannte ausdrücklich die Reichslehnshoheit an, indem er ordnungsgemäß um die Investitur mit Mailand und seinen anderen oberitalienischen Besitzungen ansuchte. Doch, wie zu erwarten, wies der kaiserliche Reichshofrat als oberstes Reichslehnsgericht seine Bitte am 21. März 1701 zurück, und am 11. Mai wurde ein kaiserliches Edikt publiziert, das den Heimfall aller spanischen Reichslehen verkündete. Die Armee, die im Frühjahr 1701 unter dem Oberbefehl des Prinzen Eugen die Alpen überschritt, hatte formal lediglich den Auftrag, die Reichshofratsurteile hinsichtlich der spanischen Reichslehen durchzusetzen. Da schon im Februar 1701 auch Ludwig XIV. Truppen nach Oberitalien entsandt hatte, zeichnete sich bereits hier ein größer dimensionierter Konflikt ab.

Der Kriegsausbruch in Italien war also wesentlich auf die Entschlossenheit des Kaiserhofs zurückzuführen, nicht das gesamte spanische Erbe kampflos aufzugeben, sondern zumindest auf die italienischen Reichslehen seine Ansprüche geltend zu machen. Die Ausweitung des Konflikts hingegen war die Folge der französischen Politik in den Monaten nach dem Eintreten des Erbfalls. Zunächst bestand nämlich nicht geringe Aussicht darauf, dass die Seemächte den Regierungsantritt Philipps von Anjou hinnehmen würden, zumal Ludwig XIV. ausdrücklich zusagte, dass Frankreich und Spanien dauerhaft getrennt bleiben würden. Maßgebliche Akteure wie Wilhelm III. von Oranien und der holländische Ratspensionär Heinsius misstrauten dem Sonnenkönig zwar zutiefst, angesichts der verbreiteten Kriegsmüdigkeit der Bevölkerung und der Eliten war es aber höchst unwahrscheinlich, dass sich das Parlament respektive die Generalstaaten auf einen Krieg einlassen würden, der doch nur den kaiserlichen Interessen zu dienen schien. So erfolgte im Januar bzw. Februar 1701 die Anerkennung Philipps V. durch England und die Vereinigten Niederlande.

Wenn man nach Erklärungen für den bald darauf folgenden Stimmungswandel in den Niederlanden und auf den Britischen Inseln sucht, ist zunächst zu nennen, dass Ludwig XIV. am 1. Februar 1701 die französischen Thronansprüche Philipps von Anjou und seiner männlichen Nachkommen feierlich durch das Pariser Parlement bestätigen ließ. Dadurch brach er nach der Einschätzung zahlreicher Beobachter seine Zusage der dauerhaften Trennung der Kronen Frankreichs und Spaniens und verstieß zugleich gegen das Testament Karls II. Eine französische Thronfolge Philipps, der zu diesem Zeitpunkt auf Platz 3 der Thronfolgeordnung stand, war zwar unwahrscheinlich, aber auch nicht auszuschließen – tatsächlich starben sowohl sein Vater, der Grand Dauphin, wie sein älterer Bruder, der Herzog von Burgund, vor ihm!

Wenige Tage später, in der Nacht vom 5. auf den 6. Februar, marschierten in einer Überraschungsaktion französische Truppen in die acht Barrierefestungen ein, die den Vereinigten Niederlanden 1698 an der Südgrenze der Spanischen Niederlande eingeräumt worden waren. Begründet wurde das Vorgehen mit der Provokation, die die bis dahin unterbliebene Anerkennung Philipps V. durch die Republik darstelle. Die niederländischen Truppen konnten zwar unbehelligt abziehen, und der Bourbone wurde von den Generalstaaten nun als Katholischer König anerkannt. Das konnte aber nicht darüber hinwegtäuschen, dass die Sicherheitsinteressen der Republik massiv verletzt worden waren, zumal in der Folgezeit französische Truppen in weiteren südniederländischen Festungen stationiert wurden. Faktisch hatte Frankreich damit die militärische Kontrolle über die Spanischen Niederlande übernommen. Die erneuten französischen Friedensbeteuerungen verloren vor diesem Hintergrund einiges von ihrer Überzeugungskraft. Insbesondere Wilhelm III., der sich seit drei Jahrzehnten für die Schaffung einer Barriere zum Schutz gegen Frankreich eingesetzt hatte, äußerte sich betroffen. Das in dieser Zeit von den kriegsmüden Tories dominierte britische Parlament dagegen zeigte niederländischen Hilfsgesuchen die kalte Schulter und bevollmächtigte den König zu Verhandlungen, um eine friedliche Lösung des Konflikts herbeizuführen.

Allmählich zeitigten aber die Ereignisse und die von den Regierungen gesteuerte Propaganda Wirkung. Den endgültigen Umschwung der öffentlichen Meinung in den Niederlanden und in England bewirkte eine Reihe von Beschränkungen für den britischen und niederländischen Handel, die im Sommer 1701 in Frankreich und Spanien in Kraft gesetzt wurden und die mit Vergünstigungen für französische Händler in Spanien und seinen Kolonien einhergingen. Als besonders gravierend empfunden wurde die Übertragung des lukrativen *Asiento de Negros*, der Einfuhr schwarzafrikanischer Sklaven in die spanischen Kolonien, an die frischgegründete französische Guineakompanie am 26. August 1701. Erst nach dem Abschluss der Großen Haager Allianz kam als weiteres konfliktverschärfendes Element hinzu, dass Ludwig XIV. nach dem Tod des exilierten Jakob II. Stuart in Saint-Germain-en-Laye (16. September 1701) dessen Sohn James Francis Edward (Jakob III., «The Old Pretender») als legitimen englischen König anerkannte – und sich damit aus britischer Perspektive einmal mehr als vertragsbrüchig erwies, denn im Rijswijker Frieden hatte Frankreich die protestantische Thronfolge in England anerkannt. Dies war für die britischen Protestanten umso beunruhigender, als im August 1701 der Herzog von Gloucester, der einzige Sohn der Thronerbin Anna Stuart, gestorben und das Aussterben der protestantischen Linie der Stuarts damit absehbar war. Kurz vorher war zwar durch den *Act of Settlement* die protestantische Sukzession durch die Berufung der Kurfürstin Sophie von Hannover, einer Enkelin König Jakobs I., und ihrer Nachkommen zur Thronfolge gesetzlich festgelegt worden. Ein Restaurationsversuch der katholischen Stuarts gegen diese landfremde Dynastie war aber nicht auszuschließen.

Unter den genannten Vorzeichen scheiterten die Haager Vergleichsverhandlungen, die seit März zunächst zwischen Frankreich und den Vereinigten Niederlanden, dann unter Beteiligung Englands geführt worden waren, im Sommer 1701. Zeitweise parallel laufend begannen, ebenfalls in Den Haag, im Juni die Bündnisgespräche zwischen den Vertretern der Seemächte und des Kaisers, die im September zum Abschluss der Haager Großen Allianz führten. Bis dahin waren aber noch gravierende Diskrepanzen zwischen den Beteiligten zu überwinden: Während es den Seemächten vorwiegend darum ging, ein multipolares Mächtegleichgewicht und die etablierten Handelsprivilegien zu sichern, strebte der Kaiser Gebietsgewinne, vornehmlich in Italien, an.

Der Allianzvertrag vom 7. September 1701 spiegelt diese unterschiedlichen Zielsetzungen wider: Er geht in seiner ausführlichen Präambel von den legitimen Erbansprüchen des Kaisers aus, stellt implizit das Testaments Karls II. («Testamento quodam») infrage und formuliert mit Blick auf die französischen Übergriffe und die enge Kooperation der Kronen Frankreich und Spanien den Eindruck, man habe es nur noch mit einem einzigen Königreich zu tun. Es wird also das Bild einer drohenden bourbonischen Universalmonarchie gezeichnet. Dieses dient als grundlegende Legitimationsbasis für die Forderungen der Alliierten, die außerdem neben den kaiserlichen Erb- und Lehnsrechten auch den Schaden für den Handel der Seemächte und den Verlust der Barrierefestungen ins Feld führen, um ihre militärischen Maßnahmen und ihr Abkommen zu legitimieren. Die Allianz wird somit als Defensivbündnis charakterisiert, das zum Ziel habe, eine drohende Unterdrückung der Freiheit Europas zu verhindern, auf die Frankreich und Spanien hinsteuerten.

Der Vertragstext setzt dabei den Krieg nicht als unausweichlich voraus. Nachdem die Artikel 1 und 2 eine ewige Freundschaft («amicitia») zwischen den drei Partnern konstituiert und erneut in allgemeiner Form den Friedenswunsch und die Friedensbedingungen einer angemessenen Entschädigung des Kaisers und einer Befriedigung der Sicherheits- und Handelsinteressen der Seemächte formuliert haben, wird vielmehr eine Zweimonatsfrist für eine Verhandlungslösung gesetzt (Art. 3). Wenn diese verstrichen sei, würden sich die Verbündeten hingegen mit allen Kräften unterstützen, um die im Folgenden aufgelisteten Ziele zu erreichen (Art. 4). Als Entschädigung für den Kaiser werden Spaniens niederländische und italienische Besitzungen einschließlich Siziliens festgelegt (Art. 5), während es den Seemächten freistehen soll, Eroberungen in den spanischen Kolonien zu machen, die ihnen dauerhaft verbleiben sollen (Art. 6). Die Verpflichtung zur dauerhaften Kommunikation (Art. 7) und das Verbot eines Separatfriedens sollen das Bündnis stabilisieren. Der endgültige Friede soll neben der Entschädigung für den Kaiser und der Gewährleistung der Handels- und Sicherheitsinteressen der Seemächte im Besonderen die dauerhafte Trennung Frankreichs und Spaniens verbürgen und sicherstellen, dass Frankreich nicht die Kontrolle über die spanischen Kolonien erlangt (Art. 8). Abschließend werden erneut die wechselseitige Unterstützung mit allen Kräften (Art. 11) und das Andauern des Bündnisses über den Friedensschluss hinaus vereinbart, um dessen Ergebnisse zu garantieren (Art. 12), und weitere Mächte zum Beitritt eingeladen (Art. 13). Die Ratifikation soll spätestens in sechs Wochen erfolgen (Art. 14).

Fasst man die Bestimmungen dieses Vertrags zusammen, wird man sagen müssen, dass dieser im Wesentlichen die Handschrift der Seemächte trug, deren zentrale Ziele allesamt Eingang in den Bündnistext gefunden hatten. Vom Grundkonzept ähnelt der Allianzvertrag stark den geschilderten Teilungsverträgen, allerdings mit einem neuen Haupterben. Neu gegenüber den Abmachungen von 1698 und 1700 ist auch das Recht der Seemächte zu Eroberungen in den Kolonien. Ein exklusives Erbrecht Leopolds I. und das Ziel, ihm bzw. seinem Sohn Karl die gesamten spanischen Lande zu verschaffen, sucht man dagegen vergebens. Lediglich das Minimalziel einer Entschädigung durch die spanischen Nebenländer in Europa hatte der kaiserliche Verhandlungsführer Wratislaw durchzusetzen vermocht. Gleichzeitig lassen die wiederholte Verpflichtung zur gegenseitigen Unterstützung, das Verbot des Separatfriedens und die Konfessionsklausel ein latentes Misstrauen zwischen den Bündnispartnern erkennen, das seinen Ursprung nicht zuletzt in den Erfahrungen der vergangenen Allianzkriege hatte.

In den folgenden Monaten und Jahren wurde die Große Haager Allianz um eine ganze Reihe von Bündnispartnern erweitert, darunter Portugal, Savoyen, Brandenburg-Preußen und verschiedene andere Reichsstände sowie Reichskreise, die zum Teil förmlich dem Bündnistraktat vom September 1701 beitraten, zum Teil aber auch separate Verträge mit einzelnen Alliierten schlossen.

Unter diesen verdient der Vertrag von Lissabon vom 16. Mai 1703 zwischen dem Kaiser, den Seemächten und Portugal besondere Beachtung, denn er beinhaltete eine wesentliche Veränderung gegenüber den Vereinbarungen von Den Haag: Um den Krieg erfolgreich ins Kernland Philipps V. zu tragen, wurde hier auf Drängen der Seemächte vorgesehen, dass Erzherzog

Karl auf die Iberische Halbinsel reisen und zum spanischen König ausgerufen werden sollte. Anders als noch zwei Jahre zuvor wurde somit eine gänzliche Verdrängung Philipps aus dem spanischen Königtum ins Visier genommen. Mit welchem Erfolg dies geschah, ist zu einem späteren Zeitpunkt zu betrachten. Hier sollen lediglich die gravierenden Konsequenzen für die Architektur der Großen Allianz beleuchtet werden: Nunmehr war vorgesehen, eine neue spanische Linie des Hauses Habsburg zu etablieren. Neben seinem Vater Leopold trat somit nun «Karl III.» von Spanien als formal eigenständiger Akteur auf den Plan, ein Akteur freilich, der in höchstem Grade von der Unterstützung Österreichs und der Seemächte abhängig war.

Bevor «Karl III.» auszog, um sein spanisches Königreich zu erobern, wurde in Wien der nach einem der kaiserlichen Paläste benannte habsburgische Hausvertrag von Favoriten geschlossen (5. September 1703). Dieser Geheimvertrag ging auf das Betreiben des Römischen Königs und designierten Nachfolgers im Kaiseramt Joseph I. (* 1678, reg. 1705–1711) zurück, der aus dem spanischen Erbe Mailand und die Markgrafschaft Finale als Basis für eine aktive Reichsitalienpolitik für sich beanspruchte. Im Vertrag von Favoriten trug «Karl III.» diesen Forderungen Rechnung, wohingegen Leopold I. und Joseph I. auf alle weitergehenden Ansprüche auf das spanische Erbe verzichteten. Am 12. September 1703 wurde ein weiterer Familienvertrag geschlossen, das «Pactum mutuae successionis», das die wechselseitige Erbfolge der beiden neuen habsburgischen Linien festlegte und später zur Basis der berühmten Pragmatischen Sanktion Karls VI. von 1713 wurde. Im Gegensatz zum «Pactum» wurde der Vertrag von Favoriten bis 1706 vor den Verbündeten geheim gehalten. Er verschärfte die ohnehin bestehenden Differenzen zwischen Joseph I. und «Karl III.», der sich in einer demütigenden Abhängigkeit von seinem älteren Bruder sah.

Auch die Bourbonen suchten 1701/02 ihre Position durch Allianzen abzusichern, insgesamt jedoch ohne durchschlagenden Erfolg. Ihre bedeutendsten Verbündeten, der König von Portugal und der Herzog von Savoyen, wechselten 1703 die

Seiten, und die wenigen deutschen und italienischen Fürsten, die sich auf die Seite der beiden Kronen stellten, wurden in den ersten Kriegsjahren bis 1706 aus dem Feld geschlagen.

III. Der Krieg und seine Schauplätze

1. Militär und Krieg im frühen 18. Jahrhundert

Im Verlauf des 17. Jahrhunderts veränderten sich Heeresorganisation und Kriegführung in Europa signifikant. Man kann diese Veränderungen allgemein als eine «Verstaatlichung» von Militär und Krieg bezeichnen. Statt Söldnerheeren und Kriegsunternehmern à la Wallenstein, die den Krieg als ein lukratives Geschäft auf eigene Rechnung betrieben hatten, wurden in der zweiten Jahrhunderthälfte von den größeren Staaten sogenannte Stehende Heere aufgestellt, deren Kernbestand auch in Friedenszeiten nicht abgerüstet wurde. Diese Heere waren ein wichtiges Macht- und Repräsentationsinstrument, das nach außen wie nach innen eingesetzt werden konnte – aber auch erhebliche Kosten verursachte. Der Finanzbedarf der frühneuzeitlichen Staaten stieg immens, zumal die Truppenstärken rasch anwuchsen, in Frankreich, der stärksten Militärmacht Europas, von ca. 45 000 Mann 1665 auf ca. 200 000 am Beginn des Spanischen Erbfolgekriegs. Die habsburgischen Mannschaftszahlen bewegten sich auf einem niedrigeren Niveau, überschritten während des Erbfolgekriegs allerdings immerhin die 130 000er-Marke. Die «Verstaatlichung» der Heere wurde nicht zuletzt in ihrer Uniformierung sichtbar.

Während die Offiziersposten weithin immer noch eine Domäne des Adels waren, bestanden die Mannschaften zumeist aus geworbenen Landeskindern oder Landfremden, die sich durch die Annahme eines Handgelds zu langen Dienstzeiten verpflichteten. Dabei arbeiteten die Werber nicht selten mit Druck oder anderen «unsauberen» Methoden: Junge Männer wurden gezielt betrunken gemacht und wachten als Soldaten aus ihrem Rauschzustand auf. Angesichts des geringen Solds, des hohen Risikos für Leib und Leben und der oft geringen emotionalen Bindung an den Dienstherrn kam es häufig zu Desertionen, denen man mit drakonischen Strafen, aber geringem Erfolg entgegenzuwirken suchte.

Auch waffentechnische Entwicklungen beeinflussten die Kriegführung: Die Artillerie wurde mobiler und erreichte eine höhere Feuergeschwindigkeit von 2–3 Schuss pro Minute. Ähnliche Wirkungen zeigte der Ersatz der Lunten- durch Steinschlossgewehre, die um 1700 verbreitet mit Bajonetten ausgestattet waren. Allerdings waren Reichweite und Treffgenauigkeit dieser Waffen nach wie vor begrenzt. Damit sie dennoch eine größtmögliche Wirkung entfalten konnten, ging man von der zuvor üblichen Haufen- zur sogenannten Lineartaktik über, bei der sich die Einheiten in der Schlacht in langgezogenen Linien mit geringer Tiefe gegenüberstanden. Während die vorderste Linie feuerte, luden die zweite und die dritte. Koordinierte Massen- und Salvenfeuer konnten so eine verheerende Wirkung beim Gegner entfalten, da sich die Kontrahenten bis auf geringe Distanzen näherten. Verstärkter Drill und Gefechtsdisziplin sollten zur Optimierung der Feuerkraft beitragen. Während die ältere militärhistorische Forschung davon ausging, Uniformierung und Drill hätten dazu geführt, dass die Persönlichkeit des einzelnen Soldaten praktisch ausgelöscht worden sei, haben jüngere Forschungen diese Anschauung deutlich relativiert.

Etwa ein Drittel der Heere bestand aus Berittenen. Neben die schwere Reiterei, die Kürassiere, trat eine wachsende Zahl von leichter bewaffneten, ursprünglich aus berittenen Infanteristen bestehenden Dragonerregimentern, die in einigen Ländern gar nicht der Reiterei zugerechnet wurden. Hinzu kamen, von Österreich ausgehend, in einigen Ländern Husarenregimenter, die, aus der Tradition ungarischer Freischärler kommend, einen ausgesprochen schlechten Ruf genossen.

Die frühneuzeitlichen Staaten setzten ihre mit hohen Kosten und großem Aufwand aufgebauten, unterhaltenen und gedrillten Truppen nur ungern aufs Spiel. Ein Grundsatz der Kriegskunst war vielmehr die Vermeidung hoher Verluste, was dazu führte, dass man Feldschlachten häufig aus dem Wege ging. Da es galt, die Heere nicht zu weit von ihren Versorgungsbasen zu entfernen, war ihre operative Reichweite meist gering. Vielfach konzentrierte sich die Kriegführung auf die Belagerung gegnerischer Festungen.

Die «Verstaatlichung» des Krieges blieb auch für die Zivilbevölkerung nicht folgenlos: Um keine für die Kriegführung nötigen Ressourcen zu verschwenden, waren Regierungen und Heerführer üblicherweise bestrebt, Menschen und Sachwerte zu schonen. Das Requisitionssystem, das der Bevölkerung früher nicht selten die Lebensgrundlage entzogen hatte, wurde durch die Einrichtung von Magazinen zur Versorgung der Truppen ersetzt. Eine Ausnahme bildete das nach wie vor übliche Fouragieren, wobei auf Feldern und Weiden rücksichtslos das benötigte Futter für Reit-, Zug- und Lasttiere geschnitten wurde – eine gravierende Schädigung der betroffenen Bauern. Auch unkontrollierte oder kalkuliert eingesetzte Plünderungen kamen immer wieder vor. Zudem belasteten die Quartiere und die von Freund und Feind erhobenen Kontributionen die Bevölkerung erheblich. Dennoch lässt sich im Vergleich etwa mit dem Dreißigjährigen Krieg für das beginnende Zeitalter der Kabinettskriege von einer Verrechtlichung und einer «Hegung» des Krieges (Johannes Kunisch) sprechen.

Begleitet war der Krieg von den Aktivitäten einer vielfältigen Propagandamaschinerie, die zumal nach einer siegreichen Schlacht zu Höchstleistungen auflief. Zeitnah wurden im Auftrag der jeweiligen Befehlshaber angefertigte Pläne veröffentlicht, die – keineswegs immer realitätsgetreu – den Verlauf der Schlacht zusammenfassten und die Beteiligten nannten. Ebenfalls um den Eindruck von Authentizität bemüht, aber durchaus nicht objektiv waren auch (echte oder fingierte) Augenzeugenberichte und die häufig von den siegreichen Feldherren oder Monarchen in Auftrag gegebenen Schlachtengemälde, die nicht nur in Schlössern, Rathäusern und anderen herausgehobenen Orten der Repräsentation dienten, sondern auch als Kupferstiche reproduziert wurden und so große Verbreitung finden konnten. Die auf eine einfache, eingängige Sprache setzenden Flugblätter konnten auch ungebildete Schichten erreichen, insbesondere wenn sie aussagekräftige Abbildungen enthielten oder einen gereimten Liedtext, der auf eine bekannte Melodie zu singen war. Demgegenüber waren die ebenfalls zu den Kleindrucken zählenden Flugschriften anspruchsvoller. Unter dieser Bezeichnung fasst man die unterschiedlichsten Genres, von rechtlichen Erörterungen bis hin zu bissigen Parodien und Fiktionen, zusammen. Gerade auf den Britischen Inseln, wo nach der Glorreichen Revolution die Vorzensur abgeschafft worden war und wo die politischen Akteure mit Blick auf die nächsten Unterhauswahlen in besonderer Weise an ihrem Einfluss auf die öffentliche Meinung interessiert waren, blühte der publizistische Markt. Auch aus ganz anderen literarischen Kontexten bekannte Autoren wie Daniel Defoe und Jonathan Swift engagierten sich hier. Veröffentlicht wurden auch anspruchsvolle Gedichte sowie Predigten, die anlässlich von verordneten Dankfesten und Siegesfeiern gehalten wurden und die die eigene Kriegführung sakral zu legitimieren und zu überhöhen suchten. Formen und Inhalte der Kriegspropaganda und -publizistik unterschieden sich von Land zu Land, insgesamt besaß sie jedoch einen hohen Stellenwert.

2. Der Kriegsausbruch

Die kaiserliche Expedition nach Italien im Frühjahr 1701 war noch eine begrenzte, als Reichsexekution deklarierte Operation. Sie beendete weder gleich die Bemühungen um eine friedliche Konfliktlösung, noch verhinderte sie Gesten des Entgegenkommens wie die, dass Ludwig XIV. den in Katalonien stationierten deutschen Truppen unter Georg von Hessen-Darmstadt den Abzug durch Frankreich gestattete. Das Jahr 1702 markiert den Beginn des «eigentlichen» Erbfolgekriegs. Zeitlich koordiniert erfolgten am 15. Mai 1702 die Kriegserklärungen Österreichs, Englands und der Vereinigten Niederlande an Ludwig XIV. und seinen als «Herzog von Anjou» titulierten Enkel, die am 9. Juni bzw. 2. Juli durch die spanischen und französischen Kriegserklärungen beantwortet wurden. Zeitnah wurden Kriegsmanifeste veröffentlicht, die auf die Legitimation der eigenen

Position und die Diskreditierung des Gegners abzielten. Dass sie häufig auch in andere Sprachen übersetzt wurden, zeigt, dass sie sich nicht nur an die eigenen Untertanen, sondern an ein europäisches Publikum richteten. Daneben wurden auch zahlreiche Flugblätter, Flugschriften und andere Kleindrucke publiziert, die im Wort und zum Teil auch im Bild bisweilen eine extrem scharfe Polemik und deftige Sprache an den Tag legten. Beispielsweise wurde die «Spanische Mißgeburth» verspottet, die unter Assistenz des «AllerChristl. Intriguen-Machers und einer Ungeistlichen-Geistlichen Heb-Amme» (Ludwigs XIV. und Portocarreros) aus der Paarung stolzer spanischer Hengste mit französischen Eseln hervorgegangen sei.

Zum Zeitpunkt der offenen Kriegserklärungen lebte Wilhelm III. von Oranien schon nicht mehr. Er war im März 1702 in London verstorben; das Zustandekommen der Großen Allianz war einer seiner letzten Erfolge gewesen. Auf den Thron war ihm Anna nachgefolgt, die letzte protestantische Stuart (* 1665, reg. 1702–1714). Sein Erbe als Protagonist einer antibourbonischen Politik und als Heerführer hatte hingegen John Churchill, seit 1702 Herzog von Marlborough, angetreten, trotz seines zu Lebzeiten Wilhelms gespannten Verhältnisses zu dem Oranier. Neben und gemeinsam mit Prinz Eugen von Savoyen auf kaiserlicher Seite war Marlborough der bedeutendste Feldherr der Großen Allianz. Nicht zuletzt diese beiden Männer prägten den Verlauf des Spanischen Erbfolgekriegs, vor allem, aber durchaus nicht nur in militärischer Hinsicht.

Um einen Überblick über die Kampfhandlungen zu gewinnen, sollen im Folgenden die Geschehnisse auf den einzelnen Kriegsschauplätzen verfolgt werden. Dabei geht es weniger darum, eine möglichst vollständige Aufzählung aller Gefechte zu liefern als vielmehr die großen Entwicklungslinien zu erfassen und Bezüge zu Strukturen und Ereignissen herzustellen, die den Kriegsverlauf beeinflussten bzw. von ihm beeinflusst wurden, um so den Spanischen Erbfolgekrieg in seiner Zeit zu verorten.

3. Das Alte Reich und der Spanische Erbfolgekrieg

Dass das Heilige Römische Reich deutscher Nation in den Krieg eintreten würde, war nicht von vornherein absehbar. Nach den langen Jahren des Niederländischen Krieges (1672–1679), des Pfälzischen Erbfolgekriegs und des Großen Türkenkriegs (1683–1699) waren die meisten Reichsstände kriegsmüde. Außerdem war es fraglich, ob sie sich auf das Risiko eines neuen Waffengangs mit Frankreich einlassen würden, nur um die dynastischen Interessen des Hauses Habsburg zu verteidigen. Andererseits hatten gerade die vergangenen Kriege einen prokaiserlich gefärbten Reichspatriotismus und zugleich ein wachsendes Misstrauen und Sicherheitsbedürfnis gegenüber Frankreich gefördert, die für die kaiserliche Diplomatie Ansatzpunkte sein mochten, um bei den Ständen für einen Reichskrieg gegen Frankreich zu werben. Außerdem waren einige der umstrittenen spanischen Besitzungen Teile des Reiches: neben den oberitalienischen Reichslehen auch die den Burgundischen Reichskreis bildenden Spanischen Niederlande.

Die Bestrebungen Ludwigs XIV. gingen dagegen begreiflicherweise dahin, einen Reichskrieg möglichst zu vermeiden. Der französische Gesandte am Regensburger Reichstag, Louis Rousseau de Chamoy, wurde nicht müde, die Friedensliebe des Sonnenkönigs zu betonen, der allerdings auch nicht davor zurückschreckte, einen wohldosierten Druck auf die Reichsstände auszuüben, um sie vom Kriegseintritt abzuhalten. Die Bemühungen, eine sogenannte Dritte Partei aufzubauen, die sich für die Neutralität des Reiches im bourbonisch-habsburgischen Konflikt einsetzen sollte, führten indes nicht besonders weit.

Einen wichtigen Erfolg konnte die französische Diplomatie allerdings bereits frühzeitig verbuchen, als es gelang, Max Emanuel von Bayern und seinen Bruder Kurfürst Joseph Clemens von Köln (* 1671, reg. 1688–1723) auf die Seite Ludwigs XIV. zu ziehen. Max Emanuel war als Statthalter der Spanischen Niederlande mehr als andere deutsche Fürsten zu einer unverzüglichen Stellungnahme im spanischen Thronfolgekonflikt genötigt. Wie berichtet, hatte er Philipp V. bereits im November

1700 anerkannt. Im März 1701 schloss er eine Defensivallianz mit Ludwig XIV., bevor er im April nach langjähriger Abwesenheit aus den Niederlanden in sein bayerisches Stammland zurückkehrte, um von dort aus im Sinne Frankreichs für die Neutralität des Reiches im habsburgisch-bourbonischen Konflikt zu werben. Kurfürst Joseph Clemens, der sich 1688 mit massiver kaiserlicher Unterstützung im Kampf um den Kölner Erzstuhl gegen einen von Frankreich protegierten Kandidaten durchgesetzt hatte, hatte bereits im Februar 1701 ein Verteidigungsbündnis mit dem Sonnenkönig geschlossen.

Einen weiteren Verbündeten fand Frankreich in der Person Herzog Anton Ulrichs von Braunschweig-Wolfenbüttel (* 1633, reg. 1685/1704–1714), der als Mitregent einen beherrschenden Einfluss auf seinen Bruder Rudolf August (* 1627, reg. 1666–1704) ausübte. Aus Verbitterung über die Erhebung der jüngeren Welfenlinie, des Hauses Hannover, zur Kurwürde durch Kaiser Leopold I. im Jahr 1692, durch die er die Rechte der Reichsfürsten im Allgemeinen und die des Hauses Braunschweig-Wolfenbüttel im Besonderen verletzt sah, wandelte sich Anton Ulrich von einem Parteigänger zu einem Gegner des Kaisers und wurde zum Anführer der Opposition gegen die Neunte Kurwürde. Um diesem Widerstand Nachdruck zu verleihen, leitete er 1701 die Erneuerung einer bereits 1698 mit Frankreich geschlossenen Allianz in die Wege. Einen letzten Verbündeten unter den Reichsfürsten fand Frankreich in Herzog Friedrich II. von Sachsen-Gotha-Altenburg (* 1676, reg. 1691–1732), der durch den im April 1701 geschlossenen Subsidien- und Bündnisvertrag die Mittel zu erlangen hoffte, um die durch seinen Vater auf 10 000 Mann hochgerüstete Armee erhalten zu können.

Auch der Kaiser bemühte sich frühzeitig, die armierten Stände, also diejenigen Fürsten, die über ein Stehendes Heer verfügten, auf seine Seite zu ziehen. Ein wichtiger Erfolg war der Gewinn Brandenburg-Preußens durch den sogenannten preußischen Krontraktat vom 15. November 1700, der die Zustimmung Leopolds I. zur Erhebung des brandenburgischen Kurfürsten Friedrich III. (* 1657, reg. 1688–1713) zum preußischen König beinhaltete.

Die Hohenzollern hatten schon seit einigen Jahren die Königswürde angestrebt, da sie auf diese Weise ihre Position im europäischen Mächtesystem zu konsolidieren hofften. Der Kaiserhof hatte diesen Plänen ursprünglich reserviert gegenübergestanden, denn der Aufstieg eines Kurfürsten zur Königswürde konnte das hierarchische Gefüge des Reiches schwächen, selbst wenn das Territorium, auf das sich das Königtum gründete, außerhalb der Reichsgrenzen lag. Im Vorfeld des zu erwartenden spanischen Erbfalls wurde aber seit dem Sommer 1700 in Wien über die Anerkennung des preußischen Königtums verhandelt, und es ist kein Zufall, dass diese Gespräche unmittelbar nach dem Eintreffen der Nachricht vom Tod Karls II. zum Erfolg führten. Für die kaiserliche Zustimmung zu seiner Erhebung zum König in Preußen sagte Friedrich III. zu, gegen Subsidienzahlungen von 100 000 Reichstalern pro Jahr 8000 Mann an Hilfstruppen zu stellen, die auch außerhalb des Reiches eingesetzt werden durften. Zugleich verzichtete er auf rückständige Hilfsgelder und verpflichtete sich in allgemeiner Weise zu einer kaiserfreundlichen Reichspolitik. Kaum hatte Friedrich den ratifizierten Vertrag in Händen, beeilte er sich, seine Krönung ins Werk zu setzen, die dann im Januar 1701 in Königsberg erfolgte. Der Aufstieg der Hohenzollern zur Königswürde, der eine wichtige Etappe auf dem Weg Preußens zur Großmacht markiert, war also wenn nicht gerade eine Folge des spanischen Erbfolgekonflikts, so doch durch diesen wesentlich befördert worden. Für den Kaiser dagegen war zwar die preußische Militärhilfe im Erbfolgekrieg von erheblicher Bedeutung, aber es erwies sich später als eine gravierende Belastung für die Wiener Reichspolitik, dass sich eine weitere reichsfürstliche Dynastie aus dem Reich herausentwickelte – neben den kursächsischen Wettinern, die seit 1697 die polnische Königskrone trugen, und den kurhannoverschen Welfen, die 1714 das britische Erbe antraten. Die letzten Konsequenzen des Aufstiegs der Hohenzollern waren 1700 freilich nicht im Entferntesten zu ahnen, und so kann der Krontraktat auch in einer Reihe mit weiteren österreichischen Bündnissen mit wichtigen Reichsständen, wie Kurmainz und Kurpfalz, gesehen werden.

Als eine Art Seismograph dafür, wie die zunächst schwankende Stimmung im Reich sich zugunsten des Kaisers veränderte, können die Kreisassoziationen gelten. Diese Zusammenschlüsse von Reichskreisen bündelten seit den 1690er Jahren die Kräfte der kleinen Stände im Süden und Westen und ermöglichte ihnen so auch, ihre Interessen gegenüber den größeren Mächten zur Geltung zu bringen. Zunächst überwog der Wille, sich aus dem drohenden Konflikt herauszuhalten. So gingen am 23. November 1700 der Fränkische und der Schwäbische Kreis eine Assoziation zur Erhaltung der Neutralität ein, und unter dem Einfluss Max Emanuels von Bayern beschloss am 31. August 1701 die Heilbronner Kreisassoziation (Franken, Schwaben, Bayern, Oberrhein, Kurrhein) die Aufstellung einer Kreisarmee zur Sicherung der Neutralität. In Heilbronn unterstützte auch der Mainzer Kurfürst Lothar Franz von Schönborn (reg. 1695–1729) den Neutralitätskurs. Nach dem Abschluss der Großen Allianz vollzog er jedoch einen Kurswechsel und schickte sich an, die Kreisassoziation an die Seite des Kaisers zu führen. Als Kurerzkanzler des Reiches, Direktor des Kurrheinischen und – als Fürstbischof von Bamberg (reg. 1693–1729) – zugleich des Fränkischen Kreises nahm er wichtige Schlüsselpositionen ein. Es war wesentlich seinem Einfluss zuzuschreiben, dass am 16./20. März 1702 in Nördlingen eine neue Kreisassoziation zustande kam. Zum Schwäbischen, Fränkischen, Kurrheinischen, Oberrheinischen und Niederrheinisch-Westfälischen Kreis trat nun der Österreichische Kreis, also faktisch der Kaiser, hinzu, während der Bayerische Reichskreis jetzt fehlte. Am 24. März vollzog die Nördlinger Assoziation ihren Anschluss an die Große Allianz.

Die Unterstützung durch die sogenannten Vorderen Reichskreise war für den Kaiser und seine Verbündeten während des Spanischen Erbfolgekriegs von großer Bedeutung. Im Rahmen der Nördlinger Assoziation erbrachten die Kreise militärische und finanzielle Leistungen, die deutlich über das hinausgingen, wozu sie gemäß der Reichsmatrikel verpflichtet waren. Beispielsweise hielt der Fränkische Reichskreis nicht nur 8642, sondern zwischen 11 000 und 13 000 Mann unter Waffen. Gestützt auf die Assoziation trat Lothar Franz von Schönborn während des Krieges für die Interessen des Reiches und insbesondere der kleinen Reichsstände ein und bemühte sich nicht zuletzt um die Schaffung einer linksrheinischen Barriere zum Schutz vor Frankreich.

Auch am Regensburger Reichstag gab es nach dem Abschluss der Großen Allianz einen Stimmungsumschwung zugunsten des Kriegseintritts. Die Ausgangssituation der kaiserlichen Diplomatie war schwierig angesichts des Werbens des französischen Gesandten Chamoy für Neutralität und der andauernden Verstimmung einer ganzen Reihe von Fürsten wegen der Neunten Kurwürde. Zudem verübelten viele Protestanten Leopold I. die Zustimmung zur Rijswijker Klausel, jener Bestimmung des Friedensvertrags von 1697, die die katholischen Positionsgewinne in den von Frankreich an das Reich zurückgegebenen Gebieten festschrieb. Damit verstieß sie nach evangelischer Auffassung gegen den Westfälischen Frieden, welcher die konfessionellen Verhältnisse im Reich auf dem Stand von 1624 als Normaljahr eingefroren hatte. Im Jahr 1702 aber folgte das Reich zügig seinem Kaiser in den Krieg. Bereits nach der Kriegserklärung vom Mai erging ein kaiserliches Mandat, das den Reichsständen die Unterstützung Frankreichs verbot, im Juni wurde Chamoy aus Regensburg ausgewiesen. Von Juli bis September beriet der Reichstag über die von Leopold I. beantragte Reichskriegserklärung, die auf der Basis eines Reichsgutachtens vom 30. September dann am 5. Oktober 1702 erfolgte. Dies war fraglos ein wichtiger Erfolg der Wiener Reichspolitik, der das gewachsene kaiserliche Ansehen nachdrücklich unterstrich. Allerdings blieb der Reichstag den Krieg hindurch ein schwieriges Terrain. Das Reichsoberhaupt konnte sich zwar auf wichtige Verbündete wie die Kurfürsten von Mainz und der Pfalz stützen, musste aber immer wieder erleben, dass insbesondere der konfessionelle Dissens die Beschlussfassung verzögerte.

Die gefestigte Position des Kaisers zeigte sich auch in dem entschlossenen Vorgehen gegen die wenigen Verbündeten Ludwigs XIV.: Im Februar 1702 verfügte ein kaiserliches Patent die Absetzung Anton Ulrichs von Braunschweig-Wolfenbüttel als

Mitregent, die im Folgemonat durch Truppen der hannoverschen und cellischen Verwandten durchgesetzt wurde. Unter dem Eindruck dieser Ereignisse vollzog auch Friedrich II. von Sachsen-Gotha-Altenburg, zu dem sich Anton Ulrich zurückgezogen hatte, schleunigst eine Abkehr von seiner profranzösischen Politik. Anton Ulrich selbst machte bald seinen Frieden mit dem Haus Hannover und dem Kaiser, worauf er nach Braunschweig zurückkehren und nach dem Tod seines Bruders 1704 die Alleinherrschaft antreten konnte.

An Verbündeten blieben den Franzosen die beiden wittelsbachischen Kurfürsten von Köln und Bayern. Joseph Clemens hatte infolge des Bündnisses mit Frankreich seine wichtigsten Festungen an französische Besatzungen übergeben, was die bourbonischen Positionen in den Niederlanden und am Niederrhein beachtlich verstärkte. 1702 rückten jedoch englische, niederländische, preußische und Reichstruppen ins Erzstift vor. Am spektakulärsten war die Belagerung und Eroberung des dabei stark zerstörten Kaiserswerth, der John Churchill seine Erhebung zum Herzog von Marlborough durch Königin Anna verdankte. Kurfürst Joseph Clemens floh nach Frankreich.

Hatten die Alliierten somit die Lage am Niederrhein rasch zu ihren Gunsten klären können, stellte Max Emanuel von Bayern eine längerfristige Bedrohung dar. Es fehlte nicht an Bemühungen, ihn auf die Seite der antibourbonischen Allianz zu ziehen, doch vergeblich. Dabei spielten persönliche Antipathien zwischen Leopold I. und seinem ehemaligen Schwiegersohn eine Rolle; vor allem aber wollte und konnte der Kaiser dem ehrgeizigen Kurfürsten nicht das bieten, was ihm Ludwig XIV. in einem zweiten Allianztraktat (17. Juni 1702) in Aussicht stellte. Dieser Vertrag beinhaltete die Aufstockung der 1701 vorgesehenen bayerischen Truppen wie der französischen Subsidien; französische Truppen sollten nach Bayern verlegt werden. Als Siegespreis sollte Max Emanuel Neuburg an der Donau und die Unterpfalz erhalten; der pfälzische Kurfürst sollte anderweitig entschädigt werden. Alternativ waren für Bayern die spanisch-niederländischen Provinzen Limburg und Obergeldern vorgesehen. Im Falle der Vertreibung aus seinem Stammland sollte

Max Emanuel bis zur vollständigen Restitution die souveräne Herrschaft über die Spanischen Niederlande ausüben.

Die großen Zugeständnisse des Allianzvertrags von 1702 entsprachen der Bedeutung, die der bayerische Bundesgenosse für die französischen Feldzugspläne besaß. Die bayerische «Diversion» sollte die kaiserlichen Truppen binden, Österreich selbst bedrohen und auf diese Weise eine Kooperation der Alliierten auf dem niederländischen Kriegsschauplatz verhindern. Womöglich konnte es sogar gelingen, den Kaiser frühzeitig zum Frieden zu zwingen.

Sogleich nach der Ratifizierung des Bündnisvertrags (1. September 1702) schlug Max Emanuel los und besetzte noch im selben Jahr die Reichsstädte Ulm und Memmingen sowie Dillingen, die Residenzstadt des Fürstbischofs von Augsburg. Im nächsten Jahr folgten Neuburg an der Donau und die Reichstagsstadt Regensburg. Außerdem gelang es, eine Verbindung zur französischen Rheinarmee unter Marschall Claude Louis Hector de Villars, dem früheren Gesandten in Wien, herzustellen. Gemeinsam siegten Max Emanuel und Villars in der ersten Schlacht von Höchstädt (1703). Ein Einfall nach Tirol scheiterte dagegen schon in den Ansätzen; lediglich Kufstein blieb bayerisch besetzt. Trotz dieses Rückschlags schien sich die bayerische Siegesserie fortzusetzen, als Anfang 1704 Passau fiel und damit der Weg nach Wien offenstand. Die Lage für Österreich erschien umso gefährlicher, als zur selben Zeit der sogenannte Kuruzzenaufstand in Ungarn die kaiserliche Residenzstadt von Osten bedrohte. Im August 1704 versprach Ludwig XIV. seinem Verbündeten in einem neuen Vertrag weitere Erwerbungen, darunter Augsburg und Memmingen. Um dieselbe Zeit veränderte aber die zweite Schlacht von Höchstädt die Situation auf dem süddeutschen Kriegsschauplatz grundlegend.

Angesichts der heiklen Lage waren im Mai und Juni 40 000 Mann der Seemächte in Eilmärschen von den Niederlanden an die Donau verlegt worden. Das spektakuläre Unternehmen ging vermutlich auf die Initiative des kaiserlichen Gesandten Wratislaw und Marlboroughs zurück, der selbst die Leitung der Expedition übernahm. Sie hofften, durch eine Entscheidungsschlacht den Krieg in Süddeutschland siegreich zu beenden.

Durch den gemeinsam mit dem im deutschen Südwesten operierenden Markgrafen Ludwig Wilhelm von Baden erfochtenen Sieg am Schellenberg bei Donauwörth (2. Juli) erzwang sich Marlborough den Zugang nach Bayern. Bis Anfang August erhielten beide Seiten weiteren Zuzug aus Westen: die Alliierten durch kaiserliche und Reichstruppen unter dem Prinzen Eugen, die Bayern durch ein französisches Heer unter Marschall Tallard. Mittels der Belagerung der bayerischen Festung Ingolstadt durch den Markgrafen von Baden suchten Marlborough und Eugen die Entscheidungsschlacht zu erzwingen, die sie am 13. August mit ca. 53 000 Mann durch einen Überraschungsangriff auf die etwa gleich starken bayerisch-französischen Truppen eröffneten. Die (zweite) Schlacht von Höchstädt endete mit einem vollständigen Sieg der Alliierten. Zum ersten Mal bewährte sich die Kooperation der beiden Heerführer aufs glänzendste, während auf der Gegenseite Unstimmigkeiten im Oberbefehl die Niederlage beförderten. Die Verluste waren auf beiden Seiten mit jeweils ca. 12 000–13 000 Toten und Verwundeten hoch. Hinzu kamen auf der Verliererseite neben der Einbuße von Tross, Artillerie und zahlreichen Feldzeichen 11 000 Gefangene, von denen sich die meisten, darunter Tallard selbst, den Engländern beim Dorf Blindheim ergeben hatten, das eben deswegen im angelsächsischen Raum namengebend für die Schlacht geworden ist, die dort als «Battle of Blenheim» bekannt ist.

Die Folgen der Schlacht waren bedeutend: Der Glaube an die Unbesiegbarkeit Frankreichs hatte einen Dämpfer erhalten. Kurfürst Max Emanuel und ein Teil der bayerisch-französischen Truppen konnten sich zwar nach Westen absetzen, aber die Kämpfe auf dem bayerischen Kriegsschauplatz waren beendet. Kaiserliche und Reichstruppen wurden für andere Kriegsschauplätze freigesetzt. Die vertrauensvolle Zusammenarbeit des Prinzen Eugen und des Herzogs von Marlborough, die für den weiteren Kriegsverlauf von großer Wichtigkeit sein sollte, wurde in Höchstädt begründet, ebenso wie der Feldherrenruhm Marlboroughs. Diesem machten Königin und Parlament zum

Dank den zwischen 1705 und 1724 errichteten Riesenbau «Blenheim Palace» zum Geschenk, den größten nichtköniglichen Adelssitz in England. Dies entpuppte sich später allerdings als Danaergeschenk, als die aus dem Ruder gelaufenen Baukosten ein Argument für den Sturz des Herzogs darstellten.

Gravierend waren die Konsequenzen für Bayern: Im Vertrag von Ilbesheim (7. November 1704) zwischen Leopold I. und der von dem geflohenen Max Emanuel als Regentin eingesetzten Kurfürstin Therese Kunigunde wurde die militärische Kontrolle über das besetzte Land den kaiserlichen Truppen eingeräumt. Der Gemahlin Max Emanuels sollte jedoch die Territorialhoheit über Stadt und Rentamt München verbleiben, und sie sollte mit ihren Kindern das Recht zur freien Ausreise und Rückkehr haben. Außerdem wurden die Befugnisse der bayerischen Landstände bestätigt.

Joseph I., der im Mai 1705 durch den Tod seines Vaters die Nachfolge im Kaiseramt antrat, hielt sich aber nicht an den Vertrag: Als die Kurfürstin ihre Mutter in Venedig aufsuchte, wurde ihr die Erlaubnis zur Rückkehr verweigert und auch das Münchner Rentamt besetzt. Infolge von Steuererhöhungen, Requirierungen und Zwangsrekrutierungen kam es im Herbst 1705 in weiten Teilen Bayerns zu Aufständen. Auch wenn es Bestrebungen gab, das militärische Vorgehen gegen die Kaiserlichen zu koordinieren (Braunauer Landesdefensionskongress), wurden die unterschiedlichen Gruppen der Aufständischen rasch niedergeworfen, am spektakulärsten in der «Sendlinger Mordweihnacht» 1705. Völlig ergebnislos war die Erhebung allerdings nicht, denn in der Folgezeit gingen die Besatzer moderater vor.

Der Fall Bayern war damit allerdings nicht abgeschlossen, sondern beschäftigte die Reichsinstitutionen noch über Jahre. Schon 1702 waren die Unterstützer Frankreichs summarisch zu Reichsfeinden erklärt worden; allerdings hatte die militärische Situation weitergehende Maßnahmen verhindert. Nach Höchstädt aber wurde die Reichsfreiheit der im Vorfeld des Dreißigjährigen Krieges von Bayern einverleibten Stadt Donauwörth wiederhergestellt. Außerdem drängte insbesondere Kurfürst Johann Wilhelm von der Pfalz, der Onkel und einer der wichtigsten Verbündeten des Kaisers unter den Reichsständen, darauf, die Reichsacht über die beiden Kurfürsten von Köln und Bayern zu verhängen und sie so aller Herrschaftsrechte zu berauben. Getrieben wurde er dabei von dem Wunsch nach Rückübertragung der zweiten weltlichen Kurwürde und der Oberpfalz, die die Pfälzer Kurfürsten infolge des Dreißigjährigen Krieges an Bayern verloren hatten. Um den Widerstand Brandenburg-Preußens im Kurfürstenrat gegen die Reichsachterklärung zu überwinden, fand sich Johann Wilhelm sogar zur sogenannten Religionsdeklaration bereit, welche die Situation der pfälzischen Protestanten auf eine sichere Rechtsgrundlage stellte (1705). Damit war die Zustimmung des Kurfürstenrats zur Achterklärung (27. November 1705) gesichert, und am 26. April 1706 wurde über Max Emanuel in der Wiener Hofburg in feierlicher Form die Reichsacht verhängt, wobei sein Lehnsbrief symbolträchtig zerrissen wurde. Anschließend wurde die Ächtung im ganzen Reich verkündet. Max Emanuels Bruder Joseph Clemens wurde mit Rücksicht auf seinen geistlichen Stand «lediglich» als Landesherr abgesetzt.

Damit war Kurfürst Johann Wilhelm aber noch nicht am Ziel seiner Wünsche. Erst im Mai 1707 machte ein kurfürstliches Kollegialgutachten den Weg zur Übertragung der Kur und der Oberpfalz frei; Joseph I., der mit Problemen infolge einer zu befürchtenden Restitution Max Emanuels bei Kriegsende rechnete, sträubte sich jedoch, und es bedurfte der Drohung, die kurpfälzischen Truppen aus der Reichsarmee abzuziehen, um den Wiener Hof zum Nachgeben zu bewegen. Am 23. Juni 1708 wurde Johann Wilhelm feierlich mit der zweiten weltlichen Kur samt dem Erztruchsessenamt und der Oberpfalz belehnt. Den Reichsfürsten, die bei Acht und Kurübertragung nicht beteiligt worden waren, blieben nur vergebliche Proteste. Einen anderen Konflikt konnte Joseph I. allerdings wenig später mit erheblichem eigenem Gewinn lösen, als der Reichstag endlich der Neunten Kurwürde seine Zustimmung erteilte, worauf der kurhannoversche Gesandte seinen Platz im Kurfürstenrat einnehmen konnte. Zugleich gelang es dem Kaiser, um die Bedenken der Katholiken gegen ein (realiter kaum zu befürchtendes) protestantisches Übergewicht im Kurkolleg zu zerstreuen, die «Readmission» der eigenen böhmischen Kurstimme durchzusetzen, die seit dem späten Mittelalter ausschließlich zu den Kaiserwahlen zugelassen worden war.

Unterdessen ging der Krieg weiter. Die Rheinfront blieb über 1704 hinaus umkämpft. Immerhin vermochten es die Reichstruppen nach Höchstädt, die Franzosen bis an den Rhein zurückzudrängen. Nachdem Preußen seine Kontingente an den Niederrhein verlegt hatte, gelang Villars 1707 erneut ein Durchbruch, doch der neue Oberbefehlshaber Kurfürst Georg Ludwig von Hannover konnte die Franzosen wieder zurückdrängen. Er bemühte sich um eine Reorganisation der Reichstruppen und schaffte es immerhin, dass eine Reichsoperationskasse eingerichtet wurde. Pläne zur Invasion ins Elsass oder in die Franche Comté ließen sich aber nicht umsetzen, und seit 1709 gab es auf beiden Seiten nur noch begrenzte Aktivitäten. Damit kam man, jedenfalls auf militärischem Weg, dem Ziel eines den deutschen Südwesten gegen Frankreich abschirmenden Festungsgürtels, der sogenannten Reichsbarriere, nicht näher. Lediglich die Eroberung des seit 1648/79 zu Frankreich gehörenden und ab 1689 zur Festung ausgebauten Landau 1702 und, nach einer zwischenzeitlichen französischen Rückeroberung, 1704 war ein bleibender Erfolg. Demgegenüber hielten die Franzosen dauerhaft das Trierer Oberstift besetzt und behaupteten die rechtsrheinischen Brückenköpfe Kehl und Breisach.

Abgesehen von den ersten Kriegsjahren berührte der Spanische Erbfolgekrieg lediglich die Randgebiete des Deutschen Reiches. Dass das Reich von unmittelbaren Kriegseinwirkungen weitgehend verschont blieb, ist umso bemerkenswerter, als im Norden und Osten zeitgleich der Große Nordische Krieg (1700–1721) tobte, den Schwedens König Karl XII. (reg. 1697–1718) gegen eine Koalition aus Sachsen-Polen, Dänemark und Russland ausfocht. Eine Wiederauflage des französisch-schwedischen Bündnisses, wie es die letzte Phase des Dreißigjährigen Krieges geprägt hatte, schien nicht unmöglich. In der Tat war das französische Interesse, eine weitere Front im Rücken des Kaisers zu eröffnen, ebenso groß wie der kaiserliche Wunsch, genau das zu verhindern. Am größten war die Gefahr, dass der Krieg im Osten auf das Reich übergreifen würde, im Jahr 1706, als der Schwedenkönig den sächsischen Kurfürsten Friedrich August I. im Frieden von Altranstädt zum Verzicht auf die polnische Königskrone zwang, die er seit 1697 getragen hatte. Um die schwedische Bedrohung abzuwehren, war Kaiser Joseph I. zu erheblichen Zugeständnissen an die schlesischen Protestanten bereit, denen infolge der Konvention von Altranstädt (1707) 121 Kirchen zurückgegeben und zusätzlich sechs neue «Gnadenkirchen» gewährt wurden. Damit hatte sich der Kaiser die auch von den Seemächten angestrebte Neutralität Norddeutschlands im Nordischen Krieg erkauft, der erst in seinen letzten Jahren auf die deutschen Besitzungen Schwedens übergriff. Somit kam es nicht zu einer Vermischung der beiden Konflikte, auch wenn es durchaus Wechselwirkungen gab, wie die, dass das Interesse einiger östlicher Reichsstände auf den Nordischen Krieg fokussiert und ihre Bereitschaft, Lasten im Spanischen Erbfolgekrieg zu übernehmen, dementsprechend gering war.

Stärker als durch den Nordischen Krieg wurde der Kaiser zeitweise durch einen Konflikt in Ungarn gebunden. In dem Land, das die Habsburger großenteils erst kurze Zeit zuvor durch den Großen Türkenkrieg und den anschließenden Friedensvertrag von Karlowitz (1699) vom Osmanischen Reich zurückgewonnen hatten, gärte es. Hierfür war ein ganzes Bündel von Faktoren verantwortlich: von Steuerforderungen und Rekatholisierungsmaßnahmen bis hin zu vermögensrechtlichen Auseinandersetzungen hinsichtlich der ehemals türkischen Gebiete. 1703 kam es in Oberungarn, der heutigen Slowakei, zu einem Bauernaufstand, an dessen Spitze sich der Magnat Franz II. Rákóczi stellte. In einer antihabsburgischen Familientradition aufgewachsen, war er 1701 wegen verräterischer Kontakte zu Frankreich verhaftet worden, aber aus dem Arrest in Wiener Neustadt nach Polen entkommen. Weitere Adlige schlossen sich der Erhebung an, die zudem durch französisches Geld und Militärberater unterstützt wurde. Die Aufständischen waren zwar dem regulären Militär in offener Feldschlacht unterlegen, wandten aber höchst erfolgreich Guerillataktiken an, wodurch sie weite Teile Ungarns unter ihre Kontrolle bringen und Wien selbst bedrohen konnten. 1704 ließ sich Rákóczi zum Fürsten Siebenbürgens wählen und erreichte, dass 1705 auf dem Reichstag von Szécsény eine antihabsburgische Konföderation Siebenbürgens und Ungarns beschlossen wurde.

Erst ab 1708 ergriff Wien energische Maßnahmen gegen die sogenannten Kuruzzen (Kreuzträger). Im selben Jahr wurden diese bei Trenčin besiegt, doch es dauerte noch mehrere Jahre, bis der Aufstand endgültig niedergeschlagen war. Im Frieden von Szatmár (1711) wurde den letzten Kuruzzen gegen Niederlegung der Waffen und Leistung des Treueids auf den Kaiser eine Generalamnestie zugestanden. Außerdem bestätigte Joseph I. die Rechte der ungarischen Stände und konfessionellen Minderheiten. Rákóczi aber war nicht zur Unterwerfung bereit und ging 1713 ins Exil, zunächst nach Frankreich und später ins Osmanische Reich.

4. Der Krieg in Italien

Für die Apenninhalbinsel war der Spanische Erbfolgekrieg besonders folgenreich. Das ergab sich schon daraus, dass nicht zuletzt um die ausgedehnten italienischen Besitzungen Spaniens gestritten wurde. Der Konflikt konnte aber auch die übrigen italienischen Staaten nicht unbeeinträchtigt lassen, die, wenngleich de jure unabhängig, seit dem Frieden von Cateau-Cambrésis (1559) unter einer spanischen Hegemonie gestanden hatten. Diese Hegemonie ist nicht mit einer absoluten Zwangsgewalt zu verwechseln, bedeutete aber schon, dass die Madrider Regierung und ihre Dependancen in Neapel und Mailand großen Einfluss auf die Geschicke der gesamten Halbinsel nahmen und dass vielfältige und enge Patronageverhältnisse zwischen dem Katholischen König und den italienischen Eliten bestanden. Zugleich gab es immer wieder Bestrebungen, dieser Hegemonie Grenzen zu setzen, die nicht zuletzt von den bedeutenderen politischen Kraftzentren der Halbinsel, wie der Republik Venedig, dem Kirchenstaat, später auch dem Herzogtum Savoyen, ausgingen. Freilich hatte die spanische Vorherrschaft im Zuge der

Krise der Monarchie Risse bekommen: So stand das Herzogtum Savoyen ab 1631 für mehr als ein halbes Jahrhundert unter französischem Einfluss, und seit den 1680er Jahren war der Herzog von Mantua und Monferrato, Ferdinand Karl Gonzaga (reg. 1665–1708), ein treuer Vasall des Sonnenkönigs. Dennoch bedeutete der Tod Karls II. am 1. November 1700 eine echte Zäsur für große Teile der italienischen Eliten inner- und außerhalb der spanischen Provinzen, und es war im Einzelfall durchaus fraglich, wem ihre Loyalität gehören würde: dem eingesetzten Erben aus dem bislang verfeindeten Haus Bourbon oder den österreichischen Verwandten der spanischen Habsburger, die ihre eigenen Ansprüche anmeldeten.

Für die Regierungen der meisten oberitalienischen Staaten stellte sich dieses Problem umso komplexer und gefährlicher dar, als Leopold I. nicht nur als Verwandter Karls II. Erbansprüche anmeldete, sondern als Römischer Kaiser zugleich ihr Oberherr war, denn in dem sogenannten Reichsitalien, dem Rest des alten *Regnum Italiae*, bestanden die aus dem Mittelalter herrührenden Lehnsbindungen fort. Dass dies keine bloß formaljuristische Angelegenheit war, hatten gerade die 1690er Jahre gezeigt: Während des Neunjährigen Krieges waren zum ersten Mal seit Jahrzehnten größere kaiserliche Truppenverbände auf der Halbinsel erschienen und von den italienischen Reichsvasallen bedeutende Kontributionen erhoben worden. Zugleich nahm Kaiser Leopold seine oberstrichterlichen Ansprüche in Italien mit Entschiedenheit wahr. Solange die spanischen Habsburger regierten, waren für die italienischen Eliten doppelte Loyalitäten zum Katholischen König und zum Kaiser problemlos – und oftmals sehr profitabel – gewesen, denn trotz gelegentlicher Friktionen herrschte meist Kooperation zwischen den Linien der *Casa de Austria* vor. Nunmehr aber waren die Italiener zur Entscheidung zwischen dem zumindest vorläufig die Oberhand besitzenden bourbonischen Prätendenten und dem Habsburger gezwungen, hinter dem neben seinem militärischen Potential auch die kaiserliche Sanktionsgewalt stand.

Die Kämpfe in Italien begannen, wie bereits ausgeführt, im Frühjahr 1701 in der Tat als Reichsexekution gegen Philipp von

Anjou, den – nach kaiserlicher Auffassung – Usurpator des Reichslehens Mailand. Unter Verletzung der venezianischen Neutralität marschierten die Kaiserlichen unter Prinz Eugen in Oberitalien ein. Durch seine Siege bei Carpi und Chiari konnte er sich, auch dank der Unterstützung der Herzöge von Guastalla und Modena, in der östlichen Lombardei festsetzen, sah sich dort aber einer deutlichen französischen Übermacht gegenüber.

Die Ankunft der kaiserlichen Truppen in der Poebene bedeutete eine wichtige Ermutigung für die habsburgischen Parteigänger in Süditalien. Das Königreich Neapel unterstand seit 1504 der unmittelbaren spanischen Herrschaft, die hier durch einen Vizekönig repräsentiert wurde. Unter den Baronen des Königreichs und dem Amtsadel der als notorisch aufsässig geltenden Hauptstadt, mit ca. 220 000 Einwohnern eine der größten Städte Europas, wurde das absehbare Erlöschen der spanischen Habsburger mit Hoffnung und Sorge betrachtet: Die Hoffnung richtete sich auf das mögliche Wiedererstehen eines eigenständigen Königreichs Neapel; die Sorge betraf die mögliche Einführung französischer Regierungsmaximen und die Einschränkung der neapolitanischen Autonomie durch einen Katholischen König bourbonischer Abstammung.

Zunächst wurde Philipp V. problemlos anerkannt, doch nach der Ankunft der kaiserlichen Truppen in Oberitalien sah sich eine prohabsburgische Adelsfraktion ermutigt, den Aufstand zu wagen. Benannt ist die «Congiura di Macchia» nach Gaetano Gambacorta, Fürst von Macchia. Die eigentlichen Ideengeber und Anführer waren aber Tiberio Carafa, Fürst von Chiusano, und Francesco Spinelli, Herzog von Castelluccia, die sich zudem der Unterstützung des populären Predigers Padre Torres versichert hatten, um die hauptstädtische Bevölkerung zu gewinnen. Zugleich wurden über Venedig und Rom Kontakte nach Österreich gesponnen. Insbesondere der kaiserliche Gesandte beim Heiligen Stuhl, Joseph Graf Lamberg, und der venezianische Kardinal Vincenzo Grimani standen als Strippenzieher im Hintergrund.

Trotz aller Vorbereitungen scheiterte der für die Nacht auf

den 23. September 1701 geplante Aufstand schon im Ansatz: Es gelang den vor einer Ermordung des Vizekönigs Luis Francisco de la Cerda, Herzog von Medinaceli, zurückschreckenden Verschwörern nicht, die neapolitanische Festung Castelnuovo per Handstreich in ihre Gewalt zu bringen. Rasch konnten Regierungstruppen die Aufständischen in Straßenkämpfen niederwerfen. Einige der zum Tode verurteilten Verschwörer, wie Carafa und Macchia, aber auch Kardinal Grimani flohen nach Wien und warteten darauf, dass das Blatt sich wenden würde.

Zunächst schienen sich diese Hoffnungen nicht zu erfüllen: Im April 1702 kam Philipp V. nach Neapel und empfing die Huldigungen seiner dortigen Untertanen, bevor er nach Norditalien weiterreiste, ohne allerdings unmittelbar an den dortigen Kämpfen zu partizipieren. Am 15. August 1702 fand bei Luzzara die erste größere Schlacht des Krieges auf italienischem Boden statt. Sowohl Prinz Eugen als auch der französische Oberbefehlshaber Vendôme nahmen den Sieg für sich in Anspruch, denn bei etwa gleichen Verlusten konnten die Österreicher zwar das Schlachtfeld behaupten, mussten aber wenig später die Festung Luzzara preisgeben.

1703 gestaltete sich die Lage der Kaiserlichen, deren Oberbefehl nach der Ernennung des Prinzen Eugen zum Hofkriegsratspräsidenten Guido von Starhemberg übernommen hatte, zunehmend prekär. Es gelang diesem mit knapper Not, seine Stellungen am Po zu behaupten und seine Verbindungen nach Tirol zu sichern. Im selben Jahr veränderten sich die Kräfteverhältnisse auf dem norditalienischen Kriegsschauplatz durch den Seitenwechsel des Herzogs von Savoyen jedoch nachhaltig.

Viktor Amadeus II. von Savoyen, der bereits mehrfach erwähnte Außenseiter unter den Prätendenten auf das spanische Erbe, war zu diesem Zeitpunkt bereits für seine äußerst sprunghafte, ehrgeizige Außenpolitik bekannt, die sich nicht zuletzt auf die Sicherung des schon seit langem beanspruchten königlichen Ranges seiner Familie richtete. 1690 hatte er die jahrzehntelange enge Anlehnung Savoyens an Frankreich durch den Anschluss an die damalige Große Allianz beendet, war aber bereits 1696, nachdem er seine wesentlichen Kriegsziele erreicht hatte, wieder auf die französische Seite zurückgekehrt, nunmehr allerdings weniger als Vasall denn als umworbener Verbündeter. Die erneuerte Verbindung zwischen den Häusern Bourbon und Savoyen wurde durch eine Reihe dynastischer Ehen bekräftigt: 1696 heiratete die älteste Tochter Viktor Amadeus' II., Maria Adelaide, den älteren Bruder Philipps von Anjou, Herzog Ludwig von Burgund, und ihre Schwester Maria Luisa Gabriella wurde 1701 mit Philipp selbst vermählt.

Trotz dieser engen familiären Beziehungen bereitete Herzog Viktor Amadeus, der durch die neue bourbonische Machtstellung in Oberitalien die eben wiedergewonnene außenpolitische Handlungsfreiheit bedroht sehen musste, ab 1702 den Bündniswechsel vor. Zwischen Savoyen und dem Kaiser wurden Geheimverhandlungen aufgenommen, in die auch die Vertreter Großbritanniens und nicht zuletzt der Vetter des Herzogs, Prinz Eugen, involviert waren. Ungeachtet aller Gegenbemühungen der französischen Diplomatie wurde am 8. November 1703 der kaiserlich-savoyische Vertrag von Turin unterschrieben, in den auch die Seemächte eingeschlossen waren, die den Seitenwechsel Viktor Amadeus' mit hohen Subsidienzahlungen honorierten. Der Kaiser versprach die Entsendung von 20 000 Mann nach Italien, die unter dem Oberbefehl des savoyischen Herzogs stehen sollten. Des Weiteren sollte dieser das bis dahin mantuanische Monferrato sowie Teile des Herzogtums Mailand und zudem unter Bestätigung eines kaiserlichen Privilegs von 1690 die Erlaubnis zur Erwerbung von Reichslehen in den südöstlich vom Piemont gelegenen Langhe erhalten. Seine Ansprüche auf das spanische Erbe sollten ihm verbleiben. Schließlich wurde ihm die längst überfällige kaiserliche Investitur in seine Reichslehen in Aussicht gestellt.

Der Preis, den die Alliierten für den savoyischen Seitenwechsel zu zahlen bereit waren, war also durchaus hoch. Hoch aber war auch das Risiko, das Viktor Amadeus II. einging, denn vorläufig hatten in Italien noch die Gallospanier die Oberhand und besetzten in den Jahren 1704/05 große Teile seiner Territorien. Da sich die Lage in Süddeutschland durch die Schlacht von Höchstädt entspannt hatte, kehrte Prinz Eugen 1705 nach Italien zurück. Sein Sieg bei Cassano (16. August) brachte aber keine wesentliche Entlastung: Savoyen verlor in dem Zweifrontenkrieg zwischen Frankreich und Mailand immer mehr an Boden.

Seit Mai 1706 wurde die Hauptstadt Turin selbst belagert, wo sich ca. 16 000 Verteidiger, Piemontesen und Kaiserliche, etwa 44 000 Mann bourbonischer Truppen gegenübersahen. Entsatz ließ lange auf sich warten. Erst im August traf Prinz Eugen mit 20 000 Mann im Piemont ein, und am 7. September erfochten die beiden savoyischen Vettern in der Schlacht bei Turin einen glänzenden Sieg, der nicht nur die belagerte Stadt befreite, sondern zugleich den Krieg um Italien entschied. Bereits am 23. September wurde Mailand übergeben, und am 13. März 1707 wurde der kaiserlich-französische Waffenstillstandsvertrag von Mailand unterzeichnet, infolge dessen alle französischen Truppen aus Italien abgezogen wurden, um auf anderen Kriegsschauplätzen eingesetzt zu werden. Im selben Jahr eroberte der kaiserliche General Wirich Philipp von Daun auch das Königreich Neapel. Philipp V. verblieben in Italien nur noch die toskanischen Küstenplätze, die erst nach und nach eingenommen werden konnten. Porto Longone (heute Porto Azzurro) auf Elba behauptete sich sogar bis zum Kriegsende, ebenso wie Sizilien. Sardinien dagegen fiel 1708 in britische Hände. Schon 1707 war auch der französische Brückenkopf Susa genommen worden; ein Vorstoß des Prinzen Eugen in die Provence im selben Jahr scheiterte jedoch.

Die Folgen der Schlacht von Turin waren für die gesamte italienische Staatenwelt enorm. Nunmehr war der Kaiser in der Lage, seine Oberherrschaftsansprüche so wirksam wie seit den Tagen Karls V. nicht mehr umzusetzen. Schon in den ersten Kriegsjahren wurden die italienischen Reichsvasallen um Unterstützung im Krieg gegen die Bourbonen ersucht bzw. wurden von denjenigen, die sich im – begrenzten – Einflussbereich der kaiserlichen Truppen befanden, Kontributionen erhoben. Nur die wenigsten Vasallen waren zu freiwilligen Zahlungen bereit. Nach Turin war die Zeit der Bitten um Subsidien vorbei; nun wurden flächendeckend von allen ober- und mittelitalienischen Fürsten und Republiken Kontributionen für den Reichskrieg in

Italien verlangt. Ausgenommen waren nur der Papst und die Republik Venedig, über die keine Reichshoheit geltend gemacht wurde, sowie der Herzog von Savoyen als selbst kriegführendes Mitglied der Großen Allianz. Es gab zwar gewisse Handlungsspielräume und Nachlässe; Zahlungsunwillige hatten aber mit Sanktionen zu rechnen. Von den kleinen Reichsvasallen wurde eine regelrechte Steuer von drei Goldscudi pro Haushalt erhoben, von denen zwei die Untertanen, einen die Vasallen zu bezahlen hatten. So kamen erkleckliche Summen zusammen: Bis 1713 sollen 738 767 Doppien an Kontributionen aus Reichsitalien gezahlt worden sein. Dazu kamen Naturalleistungen, Quartierlasten und Kredite. Für einige der größeren Fürsten und Republiken, wie insbesondere den Großherzog von Toskana und die Republik Genua, waren die kaiserlichen Kontributionsforderungen auch deswegen besonders heikel, weil sie sich erkennbar auf das ganze Staatsgebiet und nicht nur auf diejenigen kleinen Territorien bezogen, die sie selbst als reichslehnbar anerkannten: Somit drohte eine Ausdehnung der Reichshoheit und eine Gefährdung der beanspruchten uneingeschränkten Souveränität.

Dass die Reichslehnbarkeit keine bloß theoretische Größe war, sondern unter Umständen eine Gefährdung der staatlichen Existenz bedeuten konnte, bekamen die italienischen Regierungen in diesen Jahren am Beispiel des Herzogtums Mantua vorgeführt. Als treuer Anhänger Ludwigs XIV. hatte Herzog Ferdinand Karl zu Kriegsbeginn seine Hauptstadt an französische Truppen übergeben. Schon 1704 ergingen erste Reichshofratsgutachten gegen Ferdinand Karl und andere unbotmäßige Vasallen, doch erst nach der Schlacht von Turin war ein effektives Vorgehen gegen sie möglich. Gegen den Herzog von Mantua wurden wenige Tage, bevor er ohne legitime Nachkommen im venezianischen Exil starb (5. Juli 1708), die Reichsacht und der Lehnsentzug verkündet. Während das Monferrato schon 1703 Savoyen zugesprochen worden war, legte auf Mantua der Kaiser selbst seine Hand und zog es faktisch zugunsten seines eigenen Hauses ein. Die Ansprüche des Herzogs von Guastalla, eines der treuesten Anhänger des Hauses Österreich, wurden übergangen; er erhielt lediglich die ebenfalls eingezogenen Kleinterritorien Sabbioneta und Bozzolo. Ein anderer aufsehenerregender Fall von Lehnsentzug war der des jungen, bei Kriegsausbruch dreizehnjährigen Fürsten Francesco Maria Pico, dessen Herzogtum Mirandola verwendet wurde, um den mit dem Kaiser verbündeten Herzog von Modena zu belohnen. Andere eingezogene Lehen wurden zur Kriegsfinanzierung verkauft. Auch die Geldstrafen, mit denen weniger belastete Delinquenten davonkamen, trugen zur Entlastung des notorisch überstrapazierten kaiserlichen Ärars bei.

Die erheblichen kaiserlichen Erfolge in Italien wurden von einem wiedererwachten Interesse der deutschen Reichspublizistik an den italienischen Lehensgebieten begleitet. Der Zusammenhang zwischen den in dieser Zeit erschienenen Schriften und der Tagespolitik ist evident, so bei den Publikationen des Tübinger Theologen Johann Wolfgang Jäger, der gleich ganz Italien mit Rom und dem Kirchenstaat für Kaiser und Reich beanspruchte. Seine publizistische Offensive steht im Zusammenhang mit einem gravierenden Konflikt zwischen dem Wiener Hof und dem Heiligen Stuhl, der sich infolge des Spanischen Erbfolgekriegs entzündete.

Wenige Wochen vor Karl II. von Spanien war am 27. September 1700 Papst Innozenz XII. gestorben. Aus dem folgenden, durch die Madrider Todesnachricht beschleunigten Konklave war Kardinal Giovanni Francesco Albani als neuer Papst Clemens XI. hervorgegangen (reg. 1700–1721), ein Mitglied jener Kardinalskongregation, die sich im Sommer 1700 für die Einsetzung Philipps von Anjou zum Universalerben des spanischen Reiches ausgesprochen hatte. Der neue Pontifex, dessen Friedensinitiativen ungehört verhallten, beanspruchte zwar, als «padre comune» neutral über den Parteien zu stehen; nicht ohne Grund verdächtigte man ihn aber in Wien profranzösischer Tendenzen.

Bald kam es zu Spannungen: 1701 verurteilte Clemens XI., der nicht gezögert hatte, Philipp V. als spanischen König anzuerkennen, den neapolitanischen Aufstand. 1701/02 wurden vorübergehend kaiserliche Truppen in dem von der Kurie als Lehen beanspruchten Herzogtum Parma sowie in den nördlichen Grenzgebieten des Kirchenstaats stationiert, was heftige Proteste des Pontifex hervorrief. Während Leopold I. daraufhin seine Einheiten verlegte, erlaubten zur selben Zeit abgeschlossene päpstlich-französische Geheimverträge den Soldaten des Sonnenkönigs den Durchzug durch den Kirchenstaat nach Neapel.

Am unmittelbarsten war der Papst als Lehnsherr Neapels in den Erbfolgestreit involviert. Um sich dem Drängen beider Seiten zu entziehen, die Investitur mit dem Königreich zu erteilen, setzte Clemens XI. 1701 eine Kardinalskongregation ein, die offiziell mit der Untersuchung der Erbansprüche betraut war, aber zu keinem Beschluss gelangte und so ihren eigentlichen Auftrag erfüllte, nämlich die Entscheidung zu verzögern. Die Prätendenten gaben aber ihre Bemühungen nicht auf. Besonders originell war der Versuch des spanischen Gesandten Uzeda, dem päpstlichen Camerlengo das jährlich zum Fest der Apostel Petrus und Paulus fällige neapolitanische Lehnspferd, die sogenannte Chinea, sowie eine Anweisung auf den Lehnszins aufzudrängen, indem er sich bemühte, ein Pferd – angeblich einen alten Karrengaul – in den Vatikan zu schmuggeln. Denn, so die Logik, wenn Clemens XI. die Lehnsabgabe Philipps V. akzeptierte, würde er ihn damit zugleich als legitimen König von Neapel anerkennen. Tatsächlich aber erfolgte während des gesamten Erbfolgekriegs keine päpstliche Investitur mit dem Lehnskönigreich.

Rom, wo nicht nur alle am Krieg beteiligten katholischen Mächte Gesandte unterhielten, sondern auch über Anhänger unter den Kardinälen und Prälaten sowie ihrem Einfluss offenstehende Nationalkirchen verfügten, war und blieb ein Hauptschlachtfeld der Propaganda, die sich nicht nur schriftlicher und bildlicher, sondern auch musikalischer Mittel bediente. In diese Propagandaschlacht wurde auch der damals in Italien weilende junge Georg Friedrich Händel verwickelt. Er vertonte beispielsweise im Dienst des reichen Adligen Francesco Maria Ruspoli 1708 die Serenata «Olinto, pastore arcade», deren von Ruspoli selbst verfasstes Libretto nicht nur Papst Clemens verherrlichte, sondern erkennbar eine antikaiserliche Spitze hatte. Das hinderte Händel nicht, wenige Jahre später das Libretto der Ende 1709 zum Auftakt des venezianischen Karnevals uraufgeführten Oper «Agrippina» in Musik zu setzen, das aus der Feder des mit Clemens XI. verfeindeten Kardinals Grimani stammte und in der Figur des täppischen Kaisers Claudius ziemlich unverhohlen die Person des Papstes verspottete.

Nach dem Regierungsantritt Josephs I. spitzte sich das Verhältnis zwischen Rom und Wien zu. Verantwortlich dafür war zum einen die Persönlichkeit des neuen Kaisers, der weit weniger als sein Vater zur Rücksichtnahme auf den Heiligen Stuhl bereit war, zum anderen aber die geänderte militärische Lage, die es ihm gestattete, in Italien weit selbstbewusster aufzutreten. Immer deutlicher wurde Clemens XI., der nach wie vor nicht zu einer Anerkennung «Karls III.» als König von Spanien bereit war, als Feind betrachtet und behandelt: 1706 wurde sein Nuntius aus Wien ausgewiesen; 1707 durchquerte ein kaiserliches Heer auf dem Weg zur Eroberung Neapels den Kirchenstaat und zog dabei bedrohlich nahe an Rom vorbei; erneut wurden Kontributionen in Parma-Piacenza erhoben und zugleich der dortige Klerus besteuert, um nur einige Maßnahmen zu nennen. Als der Papst im Sommer 1707 den Kirchenbann über alle diejenigen verhängte, die sich am kirchlichen Eigentum vergriffen oder dies billigten, blieben diese geistlichen Strafen weitgehend wirkungslos. Vielmehr reagierte Wien damit, dass der Kurie alle Einkünfte aus den Kirchen in den von den Alliierten kontrollierten spanischen Gebieten gesperrt wurden, und im Mai 1708 besetzten kaiserliche Truppen das im Kirchenstaat gelegene angebliche Reichslehen Comacchio, auf das der Herzog von Modena als Nachfahre der früheren Herzöge von Ferrara Anspruch erhob.

Clemens XI. richtete erneute Mahnungen an Joseph, scheute aber vor dessen Bannung zurück. Auch der Versuch militärischer Gegenmaßnahmen führte nicht weit, sodass der Papst sich einem Ultimatum beugen und im Januar 1709 Frieden schließen musste. Seinerseits war auch der Kaiser von seinen Verbündeten zum Ende der Feindseligkeiten gedrängt worden: Die Katholiken unter ihnen, namentlich die geistlichen Fürsten, waren peinlich berührt von dem Konflikt mit dem Heiligen Stuhl, während die Seemächte eine definitive Befriedung Italiens wünschten, damit die österreichischen Truppen auf anderen Kriegsschauplätzen eingesetzt werden konnten.

Der kaiserlich-päpstliche Friede vom 15. Januar 1709 spiegelt deutlich die militärische Überlegenheit der Habsburger wider: Clemens XI. stellte die Anerkennung «Karls III.» als König von Spanien ebenso wie seine Belehnung mit Neapel in Aussicht und gestand ein kaiserliches Durchzugsrecht durch den Kirchenstaat zu. Die Frage der Lehnsabhängigkeit Parma-Piacenzas blieb offen, ebenso wie die der Reichslehnbarkeit Comacchios, deren Untersuchung einer Kardinalskongregation anvertraut wurde. Diese sprach die Stadt zwar dem Heiligen Stuhl zu – faktisch zurückgegeben wurde sie aber erst 1724. Immerhin wurde der Rest des Kirchenstaats zeitnah von den Kaiserlichen geräumt, und die kirchlichen Einkünfte wurden freigegeben. Als aber Clemens XI. im Oktober 1709 tatsächlich die Anerkennung «Karls III.» aussprach, provozierte er damit harsche Reaktionen Philipps V., der nun seinerseits den päpstlichen Nuntius auswies und der Kurie den Geldhahn zudrehte.

Unter militärischen Gesichtspunkten wenig spektakulär, darf der Comacchio-Krieg jedoch Aufmerksamkeit beanspruchen als der letzte bewaffnete Konflikt zwischen einem römisch-deutschen Kaiser und einem Papst. Als solcher steht er zugleich für ein Wiederaufleben kaiserlicher Reichsitalienpolitik, wenn auch unter – im Vergleich zum Mittelalter – deutlich veränderten Vorzeichen. Zudem weist der Umgang der katholischen Mächte mit dem Heiligen Stuhl auf den sich im Verlauf des 18. Jahrhunderts beschleunigenden Einflussverlust des Papstes nicht nur, aber auch als Akteur auf der europäischen politischen Bühne voraus.

5. Die Kämpfe in den Niederlanden

Das Schicksal der Spanischen Niederlande war ein Aspekt des Erbfolgekonflikts, der den Seemächten, vor allem den Vereinigten Niederlanden, besonders am Herzen lag. Ursprünglich ein wertvoller Verbündeter im Unabhängigkeitskampf gegen die Krone Spanien, war Frankreich seit dem Frieden von Münster

(1648) immer deutlicher von einem Beschützer zu einer potentiellen Bedrohung der Republik geworden. Das war besonders in den ersten Jahren des Niederländischen Krieges sichtbar geworden, als die Niederländer, um die Franzosen abzuwehren, 1672 zu einer verzweifelten Maßnahme griffen: Sie durchstachen die Deiche und setzten ihr eigenes Land unter Wasser.

Von nun an war es eines der wichtigsten außenpolitischen Ziele der Generalstaaten, zum Schutz vor Frankreich eine Barriere in Form eines von eigenen Truppen kontrollierten Festungsgürtels in den Spanischen Niederlanden zu gewinnen. Wie berichtet, war ihnen nach dem Frieden von Rijswijk eine solche Barriere zugestanden worden, die allerdings durch die französische Besetzung des Landes im Februar 1701 beseitigt worden war.

Auch auf den Britischen Inseln, wo man eine von Frankreich unterstützte Invasion der katholischen Stuarts fürchtete, wurde eine Festsetzung Frankreichs an der flandrischen Kanalküste mit Sorge betrachtet. Nicht zuletzt waren beide Seemächte aber auch daran interessiert, die Wirtschaftskraft der flämischen Handelsstädte dauerhaft zu kontrollieren und einzudämmen, um keine lästigen Konkurrenten emporkommen zu lassen. All dies führte dazu, dass in den Niederlanden die Interessen der Seemächte und Frankreichs am unmittelbarsten aufeinanderprallten, und erklärt somit auch, warum hier der Krieg mit einem besonders großen Einsatz von Menschen und Material geführt wurde.

Zu Beginn des Krieges waren die Spanischen Niederlande komplett im Besitz der Bourbonenkronen. 1702/03 gelang den Alliierten die Eroberung der nordöstlichen Provinzen Obergeldern und Limburg, um deren Besitz sogleich ein heftiger Streit ausbrach, der damit endete, dass Philipp Ludwig von Sinzendorf als Gouverneur «Karls III.» von Spanien eingesetzt wurde. In Brüssel residierte seit 1704 wieder Max Emanuel von Bayern als Generalstatthalter, Generalvikar und Oberbefehlshaber der französischen Truppen. Allerdings hatte bereits 1702, noch in Abwesenheit des Kurfürsten, Philipp V. auf Betreiben Ludwigs XIV. seinen älteren Bruder Herzog Ludwig von Burgund zum Generalvikar berufen, was bei Max Emanuel zu einigen Irritationen führte.

Bevor die Kämpfe 1705/06 in eine neue Phase traten, gab es Geheimverhandlungen zwischen Max Emanuel und dem niederländischen Ratspensionär Heinsius über das Schicksal der Spanischen Niederlande: Ventiliert wurden mehrere Projekte, die sowohl den niederländischen wie den französischen Interessen Genüge tun sollten, wie eine Aufteilung des Landes oder die Errichtung eines unabhängigen belgischen Staates unter dem bayerischen oder pfälzischen Kurfürsten oder auch mit einer republikanischen Verfassung. Allerdings blieben diese Gespräche ergebnislos, und 1705 versuchte der Herzog von Marlborough von der Mosel aus einen Vorstoß, der jedoch im Sande verlief. Stattdessen starteten im Frühjahr 1706 die Franzosen eine Offensive, doch am 26. April errang Marlborough in der nur vierstündigen Schlacht von Ramillies einen glänzenden Sieg über Max Emanuel von Bayern und Marschall Villeroi. Die Franzosen erlitten schwere Verluste: Von ca. 60 000 Mann sollen 12 000 gefallen und 10 000 verwundet worden sein. Letzteres war häufig gleichbedeutend mit einem Todesurteil. Zudem gab es zahlreiche Deserteure. Neben der Schlacht von Turin war Ramillies der zweite große Sieg der Alliierten, der das Jahr 1706 aus ihrer Perspektive zu einem «annus mirabilis» machte und die Hoffnung auf einen endgültigen Sieg über die Bourbonen nährte.

Infolge der Schlacht von Ramillies konnten die Alliierten den Großteil der Spanischen Niederlande mit der Hauptstadt Brüssel und den wichtigen flandrischen Städten Brügge, Gent, Antwerpen und Ostende erobern. Max Emanuel musste sich nach Mons im Hennegau zurückziehen, während Villeroi als französischer Oberbefehlshaber durch den Herzog von Vendôme ersetzt wurde. Unter den Alliierten gab es erneut Streit um das Schicksal der eroberten Gebiete: Während Österreich sie als rechtmäßigen Besitz «Karls III.» beanspruchte, beharrten die Generalstaaten mit Blick auf ihre eigenen militärischen Leistungen auf der Kontrolle des Gebiets. Schließlich einigte man sich auf eine vorläufige niederländische Militärverwaltung. Nach Kriegsende und Einrichtung einer niederländischen Barriere sollte Karl die Regierung übernehmen.

1708 gab es eine erneute, zunächst erfolgreiche Offensive der Franzosen nach Flandern, bei der unter anderem Brügge und Gent in ihre Hände fielen. Die letzte Verbindung Marlboroughs zur Küste stellte die Festung Oudenaarde an der Schelde dar. Nach einer überraschenden Flussüberquerung zwang Marlborough, dem Prinz Eugen mit kaiserlichen Truppen zu Hilfe gekommen war, die Franzosen unter den Herzögen von Burgund und Vendôme zur Schlacht (11. Juli). Auch aufgrund von Unstimmigkeiten zwischen den französischen Oberbefehlshabern, dem jungen Prinzen und dem erfahrenen Marschall, erfochten die Alliierten erneut einen vollständigen Sieg. Bei den Franzosen (ca. 80 000 Mann) gab es etwa 15 000 Tote und Verwundete, dazu kamen Einbußen durch Desertion. Die Alliierten (ca. 70 000 Mann) verloren dagegen nur 3000 Mann. Bis zum Jahresende eroberten sie nicht nur die im Frühjahr verlorenen Gebiete zurück, sondern nahmen sogar die französische Festung Lille ein, nachdem ein Ablenkungsangriff Max Emanuels von Bayern auf Brüssel gescheitert war. Durch das Bombardement der Stadt verspielte der Kurfürst einen Großteil seines Kredits in den Spanischen Niederlanden.

In der Kampagne des Jahrs 1709 verhielt sich der neue französische Oberbefehlshaber Marschall Villars defensiv. Nach der Eroberung von Stadt und Festung Tournai (Juli/September) bedrohten die Alliierten Mons, die letzte von französischen Truppen gehaltene Festung in den Niederlanden. Am 11. September kam es bei Malplaquet, südwestlich von Mons, erneut zur Schlacht. Ca. 90 000 Alliierte (Reichstruppen, Niederländer, Briten) unter Marlborough und Prinz Eugen kämpften gegen 80 000 Franzosen. Nach mehreren verlustreichen Angriffen gelang den Alliierten der Durchbruch. Villars wurde verwundet, und die Franzosen zogen sich geordnet zurück. Ihre Verluste betrugen etwa 11 000 Mann, während die Alliierten 25 000 Tote und Verwundete zu beklagen hatten. Damit war Malplaquet eine der blutigsten Schlachten des gesamten 18. Jahrhunderts. Den Alliierten gelang zwar noch im Oktober die Eroberung von Mons; dennoch erwies sich Malplaquet als Pyrrhussieg. In England kam Kritik am Herzog von Marlborough und an seiner

Kriegführung auf. Erstmals nach einer siegreichen Schlacht erhielt er kein persönliches Dankschreiben Königin Annas.

In den letzten Kriegsjahren dominierte in den Niederlanden ein Belagerungs- und Abnutzungskrieg. Zwar gelangen den Alliierten 1710/11 weitere Eroberungen (Douai, Béthune, Aire und Bouchain), doch abermals unter hohen Verlusten. Als im Dezember 1711 Marlborough als Oberbefehlshaber abgesetzt wurde und Frankreich und Großbritannien 1712 einen Waffenstillstand schlossen, machte der Sieg Villars' bei Denain (24. Juli 1712) sehr rasch deutlich, dass Kaiserliche und Niederländer allein den Krieg nicht für sich entscheiden konnten. Dass im selben Jahr Philipp V. von Spanien auf Druck seines Großvaters die Souveränität über die Spanischen Niederlande förmlich auf Max Emanuel übertrug, gehört in den Kontext der damals in ihre entscheidende Phase kommenden Friedensverhandlungen, für die sich der bayerische Kurfürst eine günstige Ausgangsposition verschaffen wollte. Auf die nach wie vor größtenteils von den Alliierten besetzten spanisch-niederländischen Provinzen hatte das aber kaum Auswirkungen.

6. Die Ereignisse auf der Iberischen Halbinsel

Die Iberische Halbinsel wurde im spanischen Erbfolgekonflikt erst spät zu einem Kriegsschauplatz, denn weder bot die reibungslose Thronbesteigung Philipps V. in Madrid den Alliierten einen Ansatzpunkt zum Eingreifen noch gehörte seine Vertreibung aus Spanien zu den ursprünglichen Zielen, die sich die Große Allianz im Herbst 1701 gesetzt hatte.

Philipp V. warb in seinen ersten Regierungsjahren um seine neuen Untertanen und bemühte sich um eine allgemeine Akzeptanz seiner Herrschaft, sah sich jedoch mit unterschiedlichen Erwartungshaltungen konfrontiert. Während sich die Spanier von ihm die Erhaltung der von Frankreich unabhängigen Gesamtmonarchie wünschten, erwartete man in Versailles eine enge Kooperation mit seinem Herkunftsland bei einer tendenziellen Unterordnung der spanischen unter die französischen Interessen. Welche Richtung die Oberhand gewinnen würde, war zunächst völlig offen, denn der junge König – er zählte zum Zeitpunkt seines Regierungsantritts gerade 18 Jahre – und seine Gemahlin Maria Luisa Gabriella von Savoyen (1688–1714), die er 1701 heiratete, ließen sich stark von ihrer Umgebung lenken. Die Madrider Hofparteien behielten also nach wie vor großen Einfluss.

Unter diesen Voraussetzungen war es für Ludwig XIV. wichtig, Persönlichkeiten in der Umgebung seines Enkels zu platzieren, durch die er auf Philipp einwirken konnte. Hier sind zuerst die französischen Botschafter zu nennen, die während des Krieges allerdings mehrfach wechselten. Doch neben diesen offiziellen diplomatischen Kanälen gab es auch inoffizielle Wege der französischen Einflussnahme. Eine erstrangige Bedeutung gewann in diesem Zusammenhang Anne Marie de La Trémoille (1642–1722), die sich nach ihrem zweiten Ehemann, dem Herzog von Bracciano, Flavio Orsini, Fürstin Orsini (*Princesse des Ursins*) nannte.

Die Fürstin Orsini erlangte am spanischen Hof die Stellung einer einflussreichen Favoritin. Als Erste Kammerfrau (*Camarera mayor*) Maria Luisa Gabriellas von Savoyen hatte sie unmittelbaren Zugang zu dem jugendlichen Königspaar, das ein enges Vertrauensverhältnis zu der viel älteren Frau entwickelte. Ihren großen Einfluss auf die Regierung nutzte die Fürstin durchaus als eine Vertreterin der französischen Interessen, auch wenn sie häufig in einem Konkurrenzverhältnis zu den französischen Botschaftern stand. 1704 erreichte einer von ihnen, der Abbé d'Estrées, ihre Abberufung aus Spanien, doch schon im Folgejahr kehrte sie auf eigenen Wunsch und auf Druck Philipps V. nach Madrid zurück. Sie korrespondierte mit den französischen Ministern, vor allem aber mit der zweiten, morganatischen Gemahlin Ludwigs XIV., Madame de Maintenon. Der traditionellen Diplomatiegeschichte waren solche inoffiziellen Kanäle – und zumal über Frauen! – ein Gräuel. Regelmäßig wurden sie als unzulässige Einmischung herrschsüchtiger Weiber in die männliche Domäne der Staatsregierung verurteilt. In der Frühen Neuzeit aber waren derartige persönliche Netzwerke durchaus üblich und in Zeiten eines noch schwach ausgebildeten

Behördenapparats auch unentbehrlich. Zwar gibt es über die Fürstin Orsini, Madame de Maintenon und ihre Einflussnahme auch kritische Äußerungen von Zeitgenossen, die die «Weiberherrschaft» in Versailles und Madrid verurteilten. Solche Äußerungen waren freilich meist interessengeleitet.

Umgekehrt kann man feststellen, dass die Fürstin Orsini zwar durchaus auch ihre persönlichen Vorteile verfolgte, dass ihre Einflussnahme aber keineswegs darauf beschränkt war. So lieh sie einer Reihe von Franzosen in Diensten Philipps V. ihre Unterstützung, insbesondere dem Finanzfachmann Jean Orry, Sieur de Vignory, der eine merkantilistische Politik zur Sanierung der spanischen Staatsfinanzen verfolgte. Der Einfluss der Fürstin Orsini dauerte bis 1714, als die Favoritin durch die zweite Gemahlin Philipps V., Elisabeth Farnese (1692–1766), die neue starke Frau in Madrid, endgültig vom Hof entfernt und nach Frankreich zurückgeschickt wurde.

Insgesamt entwickelte sich das Verhältnis zwischen Versailles und Madrid während des Erbfolgekriegs nicht linear: Auf eine Phase guter Beziehungen folgten 1704/05 Verstimmungen wegen der Abberufung der Fürstin Orsini, nach deren Rückkehr sich die Verbindungen zwischen beiden Höfen dann besonders eng gestalteten. Als sich Frankreich ab 1709 aus dem Krieg zurückzuziehen begann, kam es zu einer allmählichen Distanzierung.

Der französische Einfluss äußerte sich auf vielfältige Weise. Zum einen gab es sehr bald eine grundsätzliche Umorientierung der spanischen Außenpolitik, als Frankreich im Februar 1702 die militärische Kontrolle über die Niederlande überlassen oder wenige Monate später der neugegründeten französischen Guineakompanie der *Asiento de Negros* übertragen wurde. Außerdem lassen sich, mit einer gewissen Zeitverzögerung, Reformen in Regierung und Verwaltung beobachten, die zumindest partiell von französischen Vorbildern inspiriert scheinen. So wurde das allgemeine Staatssekretariat, der «Despacho Universal», durch zunächst drei Staatssekretariate mit unterschiedlichen Aufgabenbereichen ersetzt, worin man Ansätze zur Etablierung von Fachministerien erkennen kann. Während der Kastilienrat zur höchsten Verwaltungsbehörde und zum obersten Appellationsgericht (seit 1715) aufgewertet wurde, wurden die übrigen Räte mit regionalen Zuständigkeiten aufgehoben. Kriegs-, Finanz- und Staatsrat wurden beibehalten, wobei Letzterer aber im Wesentlichen auf repräsentative Funktionen beschränkt wurde.

Neben der Aufhebung der Regionalräte lassen auch andere Maßnahmen Zentralisierungsbestrebungen bzw. das Bemühen um eine Straffung der Provinzialverwaltung erkennen. Befördert wurden diese Tendenzen durch den Abfall der Ostprovinzen von Philipp V. während des Erbfolgekriegs, worauf die Stände (*Cortes*) von Aragón, Katalonien und Valencia aufgelöst wurden. Sukzessive wurden die Vizekönige bzw. Provinzgouverneure abgeschafft und nach kastilischem Vorbild durch Generalkapitäne ersetzt, die zugleich oberste Militärbefehlshaber und Vorsitzende der regionalen Gerichtshöfe, der sogenannten *Audiencias*, waren, während an die Spitze der Zivil- und Finanzverwaltung sogenannte *Corregidores* traten. Die Einsetzung von Intendanten nach französischem Vorbild ließ sich nicht realisieren. Von den zahlreichen weiteren Reformmaßnahmen, die partiell auch den Anforderungen des Kriegs geschuldet waren, seien nur die Reduzierung des Hofstaats, die Einführung der Militärdienstpflicht in Kastilien (1704), Maßnahmen zur Effizienzsteigerung in der Steuerverwaltung und die Einführung neuer Abgaben genannt.

Nicht alle genannten Reformen wurden gleich zu Beginn der Regierung Philipps V. umgesetzt oder auch nur in Angriff genommen. Jedenfalls sahen sich seine spanischen Untertanen aber mit manchen Veränderungen konfrontiert. Zwar hat die jüngere Forschung die Eigenständigkeit dieser Reformen betont und etwa darauf verwiesen, dass der Zentralisierungsgrad in Spanien stets geringer geblieben sei als in Frankreich und dass hier unter den Amtsträgern der hohe und mittlere Adel dauerhaft dominierte. Bei misstrauischen Zeitgenossen konnte aber durchaus der Eindruck einer drohenden Überfremdung entstehen, insbesondere bei solchen, die einer dynastischen Kontinuität im Hause Habsburg den Vorzug gegeben hätten. Nicht alle wollten den Schwenk hin zum traditionellen Gegner Frankreich bruchlos mitvollziehen. Besonders groß war die habsburgische Partei in den Ländern der Krone Aragón. Auch am Hof gab es Misstrauen gegenüber den «absolutistischen» Absichten Philipps und Neid gegenüber den Franzosen in seiner Umgebung, obgleich er sich bemühte, die kastilischen Granden für sich zu gewinnen, und wichtige Amtsträger wie Kardinal Portocarrero ihre Posten behielten. Vorläufig aber fehlte der latenten Opposition ein Kristallisationspunkt, damit aus dem Unmut ein offener Aufstand werden konnte. Dies änderte sich erst, als mit «Karl III.» ein habsburgischer Gegenkönig ausgerufen wurde und auf der Halbinsel erschien, um seine Thronansprüche geltend zu machen.

Eine wichtige Voraussetzung dafür, dass die Alliierten den Krieg nach Spanien selbst tragen konnten, war der Gewinn Portugals. Die Außenpolitik dieses Königreichs, das zwischen 1580 und 1640 mit der spanischen Krone vereinigt gewesen war und dessen Unabhängigkeitskrieg erst 1667 seinen erfolgreichen Abschluss gefunden hatte, war nicht zuletzt durch sein Sicherheitsbedürfnis gegenüber dem größeren Nachbarn im Osten geprägt. Es gab eine starke profranzösische Partei am portugiesischen Hof, deren hervorragendster Vertreter Nuno Álvares Pereira de Melo, Herzog von Cadaval, war. Zugleich bestanden enge Handelsbeziehungen zu den Britischen Inseln, und die nach der Glorreichen Revolution in ihr Heimatland zurückgekehrte Witwe Karls II. von England, Katharina von Braganza (1638–1705), war eine einflussreiche Förderin englischer Interessen. Die Habsburger dagegen verloren 1699 durch den Tod der zweiten Gemahlin König Pedros II. (* 1648, reg. 1683–1706), Maria Sophias von Pfalz-Neuburg, einer Schwester der Kaiserin und der spanischen Königin, eine Fürsprecherin.

Das primäre Interesse Portugals an der spanischen Erbfolgefrage bestand darin, Beeinträchtigungen der Souveränität Portugals und seiner Interessen zu verhindern. Über diese defensiven Anliegen hinaus gab es aber durchaus Bestrebungen, die Situation zu Grenzkorrekturen zugunsten Portugals wie seiner brasilianischen Kolonie zu nutzen. Mit diesen Wünschen hatten diejenigen zu rechnen, die Portugal auf ihre Seite ziehen wollten.

Und dieses Interesse bestand bei beiden Konfliktparteien: bei den Bourbonenkronen, weil sie so hoffen konnten, einen Krieg auf der Halbinsel zu verhindern; bei den Alliierten, eben weil sie einen iberischen Kriegsschauplatz eröffnen wollten.

Zunächst hatten die Bourbonen im Werben um den Lissaboner Hof die Nase vorn: In dem auf 20 Jahre befristeten französisch-spanisch-portugiesischen Allianzvertrag vom 18. Juni 1701 verpflichtete sich Pedro II. zur Garantie des Testaments Karls II. und damit der Thronfolge Philipps V. sowie dazu, die portugiesischen Häfen für Feinde Frankreichs und Spaniens zu sperren. Dafür sicherten ihm seine Vertragspartner den Schutz vor Repressalien der Seemächte zu. Neben Grenzkorrekturen in Südamerika (Sacramento, Französisch-Guayana) wurde ihm außerdem die Unterstützung bei der Rückgewinnung ehemaliger portugiesischer Kolonien in Afrika und Asien (Cochin) in Aussicht gestellt.

Die englische Regierung, die diesen Vertrag nicht hatte verhindern können, zeigte sich bemüht, den entstandenen Schaden schnellstmöglich zu beheben, und schickte im Frühjahr 1702 den erprobten Diplomaten John Methuen nach Lissabon, der bereits bis 1696 die britischen Interessen am portugiesischen Hof vertreten hatte und dann von seinem Sohn Paul abgelöst worden war. Methuen sondierte zunächst in Gesprächen mit der Königinwitwe Katharina, verschiedenen Staatsräten, dem königlichen Beichtvater und anderen, ob ein portugiesischer Seitenwechsel überhaupt realistisch sei, und kehrte im Sommer nach London zurück, um sich neue Instruktionen zu holen. Als er bald darauf erneut nach Lissabon reiste, hatte er den Auftrag zum Bündnisschluss im Gepäck. Bevor es aber dazu kommen konnte, musste Pedro II. zunächst eine Gelegenheit gegeben werden, sich ehrenvoll von seinen bisherigen Alliierten zu lösen. Die kam, als im August 1702 eine britische Flotte vor Lissabon auftauchte, die auf dem Weg nach Cádiz war. Mit der Begründung, Frankreich und Spanien hätten ihn im Stich gelassen, kündigte der König den Vertrag von 1701.

Der Anschluss an die Große Allianz war damit aber noch lange nicht vollzogen. Gegen ihn wirkte nicht nur der französische Gesandte in Lissabon. Auch die Zusammenarbeit zwischen den Vertretern Englands, der Niederlande und des Kaisers gestaltete sich problematisch. Neuen Schwung erhielten die Verhandlungen, als im Oktober 1702 der Almirante von Kastilien, Juan Tomás Enríquez de Cabrera, nach Lissabon kam, der als Erster der wichtigen kastilischen Granden von Philipp V. abgefallen war und so die Hoffnung weckte, dass ein Vorgehen gegen den Bourbonen auf die Unterstützung einer nennenswerten Opposition im Land rechnen könne. Doch erst am 16. Mai 1703 konnten in Lissabon zwei Verträge unterzeichnet werden. Der Erste enthielt ein Defensivbündnis zwischen Portugal und den Seemächten, die sich verpflichteten, ein Hilfskorps von 12 000 Mann auf die Iberische Halbinsel zu schicken und die portugiesischen Besitzungen in Europa und Übersee zu schützen. An einer Offensivallianz vom selben Datum partizipierte auch der Kaiser. Hier verpflichtete sich Portugal zur Aufstellung eines Heeres von 27 000 Mann, wovon 12 000 Mann durch Subsidien finanziert werden sollten. Sobald Erzherzog Karl auf die Iberische Halbinsel komme, werde er als König anerkannt werden. Erstmals wurde damit vertraglich zwischen den Alliierten die Vertreibung Philipps V. aus Spanien als Kriegsziel festgelegt. Die Pedro II. dafür in Aussicht gestellten Vorteile waren beachtlich: Nicht nur sollte Frankreich zum Verzicht auf seine Ansprüche in Guayana bewogen werden, sondern in Geheimartikeln wurde «Karl III.» zu Gebietsabtretungen in den spanischen Grenzprovinzen Extremadura und Galicien sowie in Südamerika (Sacramento) verpflichtet.

Größere Bekanntheit als die Allianztraktate vom Mai hat allerdings eine englisch-portugiesische Handelsvereinbarung vom 27. Dezember 1703, die unter der Bezeichnung Methuen-Vertrag in die Geschichte eingegangen ist. Sie beinhaltete einerseits die Erlaubnis zum Export britischer Wollerzeugnisse nach Portugal sowie andererseits die Begünstigung der Einfuhr portugiesischen Weins in England durch Reduktion von Zöllen und Abgaben. Der Vertrag etablierte anhaltende enge Handelsbeziehungen zwischen beiden Ländern, bewirkte einen beachtlichen Aufschwung der lusitanischen Portweinproduktion und förderte das britische Manufakturwesen. Nicht zuletzt portugiesische Historiker haben aber auch argumentiert, dass der Methuen-Vertrag langfristig dazu beigetragen habe, eine wirtschaftliche Entwicklung und insbesondere die Industrialisierung Portugals zu verhindern.

Als der Methuen-Vertrag unterzeichnet wurde, war der habsburgische Thronprätendent noch nicht auf der Iberischen Halbinsel angekommen. Nach der Regelung der hausrechtlichen Fragen im Vertrag von Favoriten und im «Pactum mutuae successionis» war «Karl III.» am 12. September 1703 in Wien zum spanischen König ausgerufen worden und eine Woche später aufgebrochen, um sein Königreich zu erobern. Da zu diesem Zeitpunkt Italien und Süddeutschland noch von den Feinden kontrolliert waren, blieb ihm nur die Route über die Niederlande, England und Portugal. Von Anfang an stand somit sein Königtum in einer konfliktträchtigen Abhängigkeit von den Seemächten. Am 3. November traf Karl, der unterwegs seinen Thronanspruch durch die Ernennung von spanischen, österreichischen und neapolitanischen Adligen zu spanischen Granden bekräftigt und im November 1703 förmlich die Regierung über die spanisch-niederländische Provinz Limburg übernommen hatte, in Den Haag und am 8. Januar 1704 in London ein. Bei Königin Anna soll der junge Fürst einen hervorragenden Eindruck hinterlassen haben. Lange aber hielt er sich nicht am englischen Hof auf, denn es galt, in der kommenden Kampagne den Kampf um Spanien zu eröffnen. Am 19. Januar wollte Karl von Portsmouth aus wieder in See stechen. Letztlich verzögerte sich seine Abreise aber witterungsbedingt bis zum 23. Februar.

Am 7. März 1704 traf Karls Flottille endlich vor Lissabon ein; mit an Bord waren die vereinbarten 12 000 Mann Hilfstruppen der Seemächte. Von Pedro II. mit königlichen Ehren empfangen, zögerte der Prätendent nicht, seinen Thronanspruch zu verkünden: In den Proklamationen von Évora (9. März) und Santarém (2. Juni) wandte er sich an die spanischen Untertanen, begründete sein eigenes Sukzessionsrecht, verurteilte die durch «Philipp von Anjou» begangene «Usurpation» und sicherte allen, die innerhalb von 30 Tagen zu ihm übergehen würden, Straffreiheit und Belohnung zu. Philipp V. antwortete am 30. April mit der Kriegserklärung an Portugal und den «Erzherzog von Österreich».

Nach einem weitgehend ergebnislosen Feldzug an der spanisch-portugiesischen Grenze unter persönlicher Beteiligung «Karls III.» und Pedros II. auf der einen sowie Philipps V. auf der anderen Seite verbrachte der Habsburger den Winter 1704/05 in Lissabon. Seine Situation stellte sich alles andere als rosig dar: Nicht nur militärisch, auch finanziell war er auf den guten Willen der Alliierten angewiesen und sah sich gezwungen, einige seiner Besitztümer zu verpfänden, um einen dem Katholischen König angemessenen Hof unterhalten zu können. Zugleich gab es Spannungen zwischen den deutschen und den spanischen Höflingen, nicht zuletzt zwischen Karls Obristhofmeister Anton Florian von Liechtenstein und dem Almirante von Kastilien. Der Dissens betraf auch das Ziel des nächsten Feldzugs: Sollte man sich gegen Andalusien wenden und so das wirtschaftliche Zentrum des Königreichs Kastiliens treffen? Oder bestand größere Aussicht auf Eroberung des traditionell in Distanz zur Madrider Zentrale stehenden Katalonien?

Bis zu diesem Zeitpunkt hatten die Alliierten in Spanien kaum Erfolge erzielen können: Im August/September 1702 war eine Flottenexpedition gegen das für den Verkehr mit den Kolonien zentrale Cádiz unter Admiral Sir George Rooke und Prinz Georg von Hessen-Darmstadt gescheitert, doch hatte die Flotte außer dem Ausscheiden Portugals aus der Allianz mit den Bourbonen immerhin auf dem Rückweg nach Norden noch einen weiteren Erfolg zu verzeichnen: die Zerstörung der spanischen Silberflotte in der Bucht bei Vigo (Rande) am 12. Oktober 1702 – allerdings erst, nachdem diese schon den Großteil ihrer Ladung gelöscht hatte. Wie erwähnt, hatte die Kampagne von 1704 nach anfänglichen Erfolgen der Spanier und ihrer französischen Hilfstruppen unter dem Herzog von Berwick, einem unehelichen Sohn Jakobs II. von England, weitgehend ergebnislos geendet. Dafür war ein Aufstand in Katalonien mitverantwortlich, der das bourbonische Heer zum Rückzug zwang. Die britische Hilfsflotte unter Admiral Rooke und dem ehemaligen katalanischen Vizekönig Georg von Hessen-Darmstadt scheiterte zwar beim Versuch der Einnahme Barcelonas, konnte aber Anfang August auf der Rückfahrt Gibraltar einnehmen – eines der langfristig wirksamen Ergebnisse des Erbfolgekriegs. Förmlich der Herrschaft «Karls III.» unterstellt, wurde Gibraltar von nun an durch eine britische Besatzung kontrolliert. Bourbonische Rückeroberungsversuche scheiterten: Am 24. August konnte Rooke bei Málaga die französische Flotte zurückschlagen, und die Belagerung des Felsens von Land aus durch den neuen französischen Oberbefehlshaber Tessé im Winter 1704/05 war ein Fehlschlag.

Angesichts der dortigen Unruhen richtete sich der Hauptangriff der Verbündeten im Jahr 1705 auf Katalonien. Während ein Vorstoß von Portugal aus nach Kastilien im Frühjahr vergeblich blieb, konnten sie im Sommer und Herbst große Erfolge in den Ostprovinzen feiern: Dank schwacher bourbonischer Militärkräfte, einer prohabsburgischen Stimmung in der Bevölkerung und ihrer Überlegenheit zur See gelang den Alliierten die Eroberung so wichtiger Städte wie Alicante, Gerona, Lérida, Tortosa, Barcelona und Valencia. Zudem brach ein antibourbonischer Aufstand in Aragón aus.

An der Belagerung Barcelonas beteiligte sich «Karl III.» persönlich. Der eigentliche Oberbefehl lag nach dem Tod Georgs von Hessen-Darmstadt zwar bei Lord Peterborough, doch der Habsburger nahm durchaus Einfluss auf die Entscheidungen des Kriegsrats. Nach der Übergabe der katalanischen Hauptstadt (9. Oktober) wurde sein feierlicher Einzug als Souverän vorbereitet, der am 7. November erfolgte. Neben der Schlüsselübergabe durch Peterborough, einem Feuerwerk und einem Te Deum war auch die Beeidung der Rechte Kataloniens ein wichtiger Bestandteil der Festlichkeiten, denn Karl betonte in seiner Repräsentation nicht nur die dynastische Kontinuität zu den spanischen Habsburgern, sondern trat auch als Beschützer der katalanischen Privilegien gegenüber dem Madrider Zentralismus auf.

Ebendies aber und dass er sich mit den «häretischen» Briten

und den verhassten Portugiesen verbunden hatte – auch Gerüchte über geplante Gebietsabtretungen an Portugal waren durchgesickert –, verschlechterte die Ausgangsposition Karls in Kastilien. Auch im wichtigen Andalusien verharrte die Bevölkerung in prinzipieller Treue zu Philipp V.

Dennoch erlebte dieser im Jahr 1706 die bislang schwerste Krise seiner Herrschaft in Spanien: Nachdem im Frühjahr eine Belagerung Barcelonas unter seiner persönlichen Beteiligung gescheitert war, konnten die Alliierten im Sommer im Zuge zweier großangelegter Offensiven von Osten und Westen gewaltige Gebietsgewinne verzeichnen. Von Portugal aus gelang unter anderem die Eroberung von Badajoz, Salamanca und, am 27. Juni, Madrid, sodass sich der Hof Philipps nach Norden in die alte kastilische Hauptstadt Burgos zurückziehen musste.

Nun konnte «Karl III.» auch in der Hauptstadt zum König ausgerufen werden. Weitere kastilische Granden und auch die Königinwitwe Maria Anna, die nach dem Regierungsantritt Philipps V. unter Missachtung der testamentarischen Bestimmungen Karls II. kaltgestellt und nach Toledo abgeschoben worden war, erkannten nun sein Königtum an. Auf die Ankunft des Habsburgers in Madrid wartete man aber vergeblich. Er hatte bei seinem Vormarsch von Katalonien aus einige Zeit verloren, weil er die Wallfahrtsorte Montserrat und Villa de Muel – Letzteres ein Sanktuarium des Nationalheiligen Jakobus – besuchte und sich auch nach der Übergabe Zaragozas, wo er am 18. Juli zum König von Aragón ausgerufen wurde, nur zögerlich auf den Weg nach Westen begab. Zwar waren seine Wallfahrten und der Aufenthalt in der aragonesischen Hauptstadt wichtig, um die Untertanen in den Ostprovinzen zu gewinnen; unter militärischen Gesichtspunkten aber war der Zeitverlust fatal, da es den Alliierten nicht gelang, sich fest in Kastilien zu etablieren. Problematisch waren auch die Distanz zwischen Karl und Lord Peterborough und die daraus resultierende mangelnde Kooperation ihrer Operationen. Angesichts der feindlichen Stimmung der kastilischen Bevölkerung, die den alliierten Truppen durch Guerillaaktionen schwer zu schaffen machte, und der ungeschlagenen bourbonischen Truppen blieben nur noch die

Preisgabe Madrids (5. August) und der Rückzug nach Portugal bzw. nach Valencia, wo «Karl III.» am 1. Oktober eintraf. Nur drei Tage später, am 4. Oktober, hielt Philipp V. unter dem Jubel der Bevölkerung seinen feierlichen Wiedereinzug in Madrid, während der habsburgische Prätendent *in effigie* verbrannt und die pfalz-neuburgische Königinwitwe im Folgejahr nach Bayonne verbannt wurde.

Tatsächlich kann das Jahr 1706 als die Peripetie des Krieges in Spanien betrachtet werden: Nicht nur erlitten die alliierten Truppen auf dem Rückzug schwere Verluste, auch viele Eroberungen der beiden vergangenen Kriegsjahre gingen wieder verloren. Nach dem Sieg der bourbonischen Truppen unter Berwick über die Alliierten bei Almansa (25. April 1707) fielen auch Valencia und Aragón wieder an Philipp V., dessen Ansehen durch die Kämpfe erheblich gestärkt wurde. Die zurückeroberten Provinzen wurden hart behandelt und gingen aller Sonderrechte verlustig.

«Karl III.» verblieb auf der Iberischen Halbinsel im Wesentlichen nur noch Katalonien. Die wechselvollen Kämpfe dort und an der portugiesischen Grenze führten in den folgenden Jahren zu keinen spektakulären Ergebnissen. Von Bedeutung war dagegen, dass die britischen Expeditionstruppen 1708 die menorquinische Hauptfestung Port Mahón eroberten, nachdem die übrigen Balearen bereits seit 1706 in den Händen der Alliierten waren. Erneut zeigte sich die völlige Abhängigkeit «Karls III.» von seinen Verbündeten: Als er die von den Briten verlangte Abtretung Menorcas verweigerte, sperrten sie ihm zwischenzeitlich die Subsidien. In zwei Handelsverträgen (1707 und 1708) musste der Habsburger den Engländern große Vorteile einräumen. Auch sein Verhältnis zu seinem kaiserlichen Bruder Joseph I. war zeitweilig gespannt.

Trotz aller Bedrängnisse und – nicht zuletzt – finanziellen Engpässe baute «Karl III.» in Barcelona einen ansehnlichen Hof auf, der allein im Jahr 1707 die stolze Summe von 600 000 Gulden verschlungen haben soll. Dies war keine Verschwendung, sondern eine unabweisbare Notwendigkeit, wollte er den Anspruch auf die spanische Krone aufrechterhalten. Die Aufwendungen für Repräsentation und Propaganda waren beträchtlich, denn Karl musste einerseits um die spanischen Untertanen werben und sich andererseits gegenüber der europäischen Öffentlichkeit glaubhaft als wahrer König inszenieren. Mit großer Pracht gefeiert wurde 1708 seine Hochzeit mit Elisabeth Christine von Braunschweig-Wolfenbüttel (1691–1750).

Der Hof von Barcelona war «multinational». Neben «Deutschen» wie dem Obristhofmeister Liechtenstein und dem Favoriten Graf Johann Michael Althann fanden sich Süditaliener wie Graf Rocco Stella, Katalanen wie der Staatssekretär Don Ramón Vilana Perlas, Marqués de Rialp, Aragonesen und Valencianer, doch nur wenige Kastilier. Die ranghöchsten unter diesen, der Almirante von Kastilien und Manuel Joaquín Álvarez de Toledo, Graf von Oropesa, der frühere Minister Karls II., verstarben bereits 1705 bzw. 1707.

Die Lage «Karls III.» stabilisierte sich ein wenig, als 1708 Guido Starhemberg mit österreichischen Hilfstruppen aus Italien eintraf. Zwar waren auch französische Truppen aus Italien nach Spanien verlegt worden, die unter dem Befehl Philipps II. von Orléans (1674–1723), des späteren Regenten von Frankreich, standen. Zwischen ihm und König Philipp bestand aber kein Vertrauen, zumal Gerüchte kolportiert wurden, der Herzog von Orléans habe selbst Absichten auf die spanische Krone. Wirklich heikel wurde die Situation für Philipp V., als Ludwig XIV. im Kontext der Haager Friedensverhandlungen von 1709 die französischen Hilfstruppen aus Spanien abzog: Eine Vertreibung Philipps schien wieder in den Bereich des Möglichen zu rücken.

Im Jahr 1710 unternahmen die Alliierten einen erneuten Vorstoß Richtung Madrid. Nach Siegen Starhembergs und Stanhopes bei Almenara (27. Juli) und Zaragoza (20. August) fiel die Hauptstadt des Königreichs Aragón zum zweiten Mal in die Hand «Karls III.», der umgehend die von Philipp V. abgeschafften Sonderrechte (*Fueros*) wieder in Kraft setzte. Auch Madrid konnten die Alliierten erneut besetzen. Diesmal hielt der habsburgische Prätendent sogar persönlich seinen Einzug (28. September). Allerdings bereiteten ihm die Madrider einen kühlen Empfang: Angeblich musste reichlich Geld in die Menge geworfen werden, um sie zu einigen dünnen Hochrufen auf den Habsburger zu veranlassen; zudem sollen auch Vivatrufe auf seinen bourbonischen Konkurrenten zu hören gewesen sein.

Wie schon 1706 erwies sich die Lage der Alliierten als unhaltbar: Die Bevölkerung war feindlich gesinnt, die Nachschubwege waren lang und ungesichert. Zudem waren neue französische Hilfstruppen unter dem Herzog von Vendôme eingetroffen, der zugleich die spanische Armee reorganisierte. Die von den Alliierten erhoffte portugiesische Unterstützung von Westen hingegen blieb aus. Der Rückzug nach Osten war unausweichlich. Dabei erwies es sich als fatal, dass Stanhope und Starhemberg mit ihren Truppen getrennt marschierten, zwar nur in geringer Entfernung voneinander, aber ohne Kontakt: Am 9. Dezember, sechs Tage nach dem triumphalen Wiedereinzug Philipps V. in der Hauptstadt, ergab sich Stanhope, der in Brihuega von der gesamten Armee Vendômes belagert wurde. Er ging mit 2000 Mann in Gefangenschaft, ohne dass ihm Starhemberg hätte zu Hilfe kommen können. Dieser errang zwar am 10. Dezember bei Villaviciosa einen Sieg, doch blieb auch ihm nur der Rückzug nach Katalonien. «Karl III.» war sicherheitshalber schon vorher nach Barcelona in Sicherheit gebracht worden.

Damit war der Krieg in Spanien faktisch entschieden. Weitere Offensiven wurden nicht versucht, waren von den Briten in den letzten Kriegsjahren auch gar nicht mehr gewünscht, insbesondere als «Karl III.» 1711 die Nachfolge seines Bruders Joseph auf dem Kaiserthron angetreten hatte. Nur widerwillig reiste Karl im September 1711 aus Barcelona ab, wo aber zunächst seine Frau als Stellvertreterin zurückblieb. Sie verließ Katalonien im März 1712, und im Mai 1713 folgte Starhemberg mit seinen Truppen. Der katalanische Widerstand dauerte trotz eines Amnestieangebots Philipps V. aber an. Im Juli 1714 begann die Belagerung Barcelonas, das sich am 13. September schließlich ergab.

Die Gründe dafür, dass sich Philipp V. im Kampf um Spanien durchsetzte, sind vielfältig. Obwohl es durchaus Opposition gab, konnte er seine Herrschaft vor allem im Kernland Kastilien rasch verankern. Die Spannungen zwischen Kastilien und den Ländern der Krone Aragón wirkten sich zwar insofern günstig für «Karl III.» aus, als sie es ihm erleichterten, überhaupt Fuß auf der Halbinsel zu fassen. Dies war ihm aber nur durch die Hilfe der Portugiesen und der Briten möglich, was wiederum Ressentiments im Land verstärkte. Auch für Philipp V. war die Unterstützung von außen, in diesem Fall durch seinen Großvater Ludwig XIV., von erheblicher Bedeutung. Abgesehen von einer kurzen Phase erwies sich diese Rückendeckung als verlässlich und rettete Philipp aus einigen kritischen Situationen. Der Habsburger hingegen konnte sich auf die britische Hilfe weit weniger verlassen, die in dem Augenblick ausblieb, als eine weitere Unterstützung des nunmehrigen Kaisers Karl VI. den Interessen Londons widersprach. Österreich allein aber war nicht in der Lage, auf der Iberischen Halbinsel Krieg zu führen. Insofern erwies sich das Kalkül Kardinal Portocarreros und anderer Spanier, ein französischer Prätendent wäre eher in der Lage, sich als König von Spanien zu behaupten, als zutreffend, auch wenn die weitergehenden Hoffnungen, so seien ein Krieg und das Auseinanderbrechen des Reiches zu verhindern, sich nicht erfüllten.

7. Maritime, kolonial- und handelspolitische Dimensionen

Der Spanische Erbfolgekrieg wurde vor allem, aber nicht nur in Europa ausgefochten; er fand auch auf den Meeren und jenseits des Atlantiks statt. Schließlich gehörte zur Erbmasse Karls II. das größte Kolonialreich der damaligen Welt!

Um 1700 kam in Seeschlachten den sogenannten Linienschiffen, den größten Schlachtschiffen der Frühen Neuzeit, entscheidende Bedeutung zu. Die Kampfkraft dieser meist Zwei-, aber auch Drei- oder Vierdecker lag vor allem in ihrer Artillerie, die zwischen 50 und 130 Kanonen variierte. Ihren Namen haben die Linienschiffe daher, dass in der Schlachtformation ein Schiff im Kielwasser des vorangehenden segelte, um so seine Feuerkraft mit größtmöglicher Effizienz einzusetzen. Daneben gab es die kleineren Fregatten mit 20 bis 50 Kanonen. Auch die Galeere spielte immer noch eine gewisse, wenn auch rückläufige Rolle, insbesondere im Mittelmeer.

Klassische große Seeschlachten gab es im Spanischen Erbfolgekrieg kaum, wohl aber einige Unternehmungen, bei denen die Flotten eine wichtige Rolle spielten. Bereits erwähnt wurden der vergebliche alliierte Vorstoß gegen Cádiz und die anschließende Zerstörung der spanischen Silberflotte bei Vigo 1702. 1704 besaß die britische Flotte zentrale Bedeutung bei der Eroberung Gibraltars und erfocht anschließend bei Málaga einen Seesieg über die Franzosen, ohne diesen aber ausbauen zu können. Gelegentlich wird diese Seeschlacht, die als die härteste des Krieges gilt, auch als unentschieden gewertet, doch mussten sich die Franzosen in ihre Basis Toulon zurückziehen, ohne den geplanten Angriff auf Gibraltar durchgeführt zu haben. Auch für die Eroberung Barcelonas und anderer spanischer Hafenstädte 1705, der Balearen 1706/08 sowie Sardiniens war die starke Flotte der Alliierten unabdingbar.

Auch die Franzosen hatten Erfolge zur See zu verzeichnen. So griff im Mai 1707 eine französische Flotte vor Béveziers (Beachy Head) einen britischen Geleitzug an und konnte zwei von drei Linienschiffen des Geleitschutzes sowie einen Großteil der Handelsschiffe erobern. Im Oktober desselben Jahres attackierten zwei französische Geschwader bei Cap Lizard einen weiteren britischen Geleitzug, versenkten ein Geleitschiff und brachten zahlreiche Handelsschiffe auf.

Der spektakulärste See-Land-Angriff fand 1707 auf den wichtigsten französischen Kriegshafen Toulon statt, das zugleich von der Landseite durch den Prinzen Eugen und Herzog Viktor Amadeus II. von Savoyen und von der See aus durch eine britische Flotte angegriffen wurde. Das Unternehmen war zwar insofern ein grandioser Fehlschlag, als das alliierte Heer die Belagerung aufgeben und sich mit großen Verlusten zurückziehen musste. Dennoch führte die Aktion eine nachhaltige Schwächung der französischen Flotte herbei: Nachdem durch das britische Bombardement zwei französische Linienschiffe zerstört und zwei weitere schwer beschädigt worden waren, gab Ludwig XIV. Befehl, die übrigen zu versenken. Auf diese Weise sollte ihre

Vernichtung verhindert, sollten sie vielmehr für ihre spätere Wiederherstellung bewahrt werden. Allerdings wurden durch diese Maßnahme von den 46 Linienschiffen 15 so schwer in Mitleidenschaft gezogen, dass sie nicht mehr instand gesetzt werden konnten. Spätestens von diesem Zeitpunkt an besaß die britische Flotte eine dauerhafte Überlegenheit. Davon profitierte auch die englische *Levant Company*, die ihre Stellung im Mittelmeerhandel auf Kosten der Franzosen ausbauen konnte.

Eine größere Bedeutung als den maritimen Haupt- und Staatsaktionen kam im Spanischen Erbfolgekrieg dem Kaperkrieg zu, jener staatlich sanktionierten und geförderten Seeräuberei, die dem gegnerischen Handel erheblichen Schaden zufügte und die in allen seefahrenden Nationen praktiziert wurde. Die Kaperfahrer waren keine Gesetzlosen, sondern mit einem staatlichen Kaperbrief ausgestattete Unternehmer, nicht selten großen Stils. Vielfach konzentrierten sie sich in bestimmten Hafenstädten, wie Saint-Malo, Dünkirchen, Middelburg oder Vlissingen. Sie nahmen ein hohes Risiko auf sich, doch winkten ihnen erhebliche Gewinnspannen. Beispielsweise beanspruchte die englische Krone am Beginn des Erbfolgekriegs in den Kaperbriefen ein Fünftel der Beute für sich, ab 1708 verzichtete sie aber auf diesen Anteil. Einer der berühmtesten Kaperfahrer des Spanischen Erbfolgekriegs war Woodes Rogers aus Bristol, der zwischen 1708 und 1711 mit den beiden Fregatten Duke und Duchess eine äußerst ertragreiche Kaperfahrt rund um die Welt unternahm. Diese Reise, die 16 000 Pfund gekostet und einen Reinertrag von 170 000 Pfund erbracht haben soll, erlangte auch deswegen Berühmtheit, weil man beim Frischwasserladen auf einer unbewohnten Insel einen gewissen Alexander Selkirk an Bord nahm, dessen Berichte später wohl zum Vorbild für Defoes «Robinson Crusoe» wurden. Nach dem Krieg wurde Rogers Gouverneur der Bahamas (1717) und machte sich einen Namen als – Piratenjäger.

Nicht die europäischen Kaperfahrer, sondern die Freibeuter der Karibik gaben das Vorbild für das heute gängige Bild des Seeräubers ab. In der Tat hatten diese sogenannten Bukanier (benannt nach einem indianischen Wort für Dörrfleisch) im

17. Jahrhundert auch dank der englischen und französischen Protektion eine wichtige Rolle gespielt und von ihren Stützpunkten aus, vor allem der Insel Tortuga und Port Royal auf Jamaika, zumal dem spanischen Kolonialhandel erheblichen Abbruch getan. Da sie seit den 1680er Jahren aber von den Briten verfolgt wurden, hatten sie zur Zeit des Spanischen Erbfolgekriegs bereits ihren Bedeutungszenit überschritten. Freilich gab es zwischen den karibischen Bukaniern und den staatlichen Kriegsmarinen Verbindungen, wie sich besonders gut an der Person von Jean-Baptiste Ducasse (1646–1714) zeigen lässt: Von Geburt französischer Hugenotte, trat er in den Dienst der *Compagnie de Sénégal* ein und betätigte sich u. a. als Sklavenhändler. 1691 zum Gouverneur der französischen Kolonie Santo Domingo ernannt, war er wegen seiner in Kooperation mit ortsansässigen Bukaniern durchgeführten Überfälle auf britische, niederländische sowie spanische Schiffe und Besitzungen gefürchtet; am spektakulärsten war die Plünderung der kolumbianischen Hafenstadt Cartagena (1697). Während des Erbfolgekriegs war er einer der bedeutendsten Befehlshaber der bourbonischen Seestreitkräfte, nahm u. a. an der Seeschlacht von Málaga teil und erwarb sich Verdienste um den Schutz der spanischen Silberflotte.

Betrachtet man den Kaperkrieg auf den Weltmeeren, besaß der Spanische Erbfolgekrieg durchaus eine globale Dimension. Auf dem Land wurde außerhalb von Europa nur an der nordamerikanischen Ostküste für längere Zeit und intensiver gekämpft. Hier stellte sich die Situation so dar, dass sich nach der Verdrängung der übrigen europäischen Mächte Briten, Franzosen und Spanier den Besitz der Küstenregion teilten, wobei sich an das spanische Florida im Norden die britischen Kolonien bis hin nach Neuengland anschlossen. Hier lebten wesentlich mehr europäische Einwanderer als in der «Nouvelle France», deren Zentrum am St.-Lorenz-Strom lag. Am Ende des 17. Jahrhunderts fassten die Franzosen aber auch Fuß an der Mississippimündung und gründeten dort die Kolonie Louisiana. Die Hauptkonfliktzonen zwischen den französischen und den britischen Kolonien waren Neufundland und das südöstlich des

St.-Lorenz-Stroms gelegene Akadien mit der Halbinsel Neuschottland. Umstritten war aber auch der Besitz der Hudson Bay. Die Attraktivität dieser Gebiete lag vor allem in ihrem Pelzreichtum; der St.-Lorenz-Golf war außerdem berühmt für seine Fischgründe.

In den Konflikten zwischen den Kolonialmächten traten auch die regionalen Indianerstämme in Erscheinung, und zwar als eigenständige Akteure. Daher werden die nordamerikanischen Kolonialkriege in der angelsächsischen Historiographie auch als «French and Indian Wars» bezeichnet. Im King William's War (First French and Indian War, 1688–1697) hatte es wechselhafte Kämpfe in Neuengland, Akadien, auf Neufundland und an der Hudson Bay gegeben. Zwar hatte der Friede von Rijswijk de jure den Vorkriegszustand wiederhergestellt, doch dauerten die Kämpfe zwischen den Franzosen und den wichtigsten indianischen Verbündeten der Briten, den Irokesen, bis zum Großen Frieden von Montreal (1701) an.

Die Irokesen, auch als Konföderation der «Five Nations» bekannt, blieben während des Spanischen Erbfolgekriegs (Queen Anne's War / Second French and Indian War) neutral. Die französischen Kolonien besaßen aber in der Wabanaki-Konföderation einen wichtigen indianischen Verbündeten, mit dessen Unterstützung die Franzosen mehrfach Überfälle auf die Neuenglandkolonien unternahmen. Berühmtheit erlangte die *Northeast Coast Campaign* von 1703 («Six Terrible Days»), in deren Verlauf 150 britische Siedler getötet wurden oder in Gefangenschaft gerieten. Die Überfälle auf die Neuenglandkolonien führten allerdings zu keinen dauerhaften Inbesitznahmen, da die festen Forts zumeist nicht genommen wurden. Gekämpft wurde auch in Akadien. Hier gelang den Briten 1710 die Eroberung von Port Royal, das zu Ehren der englischen Königin in Annapolis umbenannt wurde. Unternehmungen gegen Québec, das Zentrum der *Nouvelle France*, in den Jahren 1709 und 1711 scheiterten jedoch.

Auch an den Kämpfen an der Grenze zwischen dem spanischen Florida und dem britischen Carolina waren Indianer massiv beteiligt – als Akteure und als Opfer. Indianische Verbündete der Briten waren die Creek, die Yamasee und die Chickasaw. Der britische Angriff auf die spanische Festung San Agustín (1702) blieb ebenso vergeblich wie eine spanisch-französische Operation gegen Charleston (1706). Die indianische Bevölkerung wurde hingegen schwer in Mitleidenschaft gezogen. Traurige Berühmtheit erlangten die Überfälle des Gouverneurs von Carolina, James Moore, auf die Apalachees und die Timucua von 1704 (*Apalachee Massacre*). Folgen des Krieges in diesem Raum waren die massive Dezimierung der indigenen Bevölkerung um etwa ein Drittel und der Zusammenbruch der spanischen Missionen.

Fasst man die Ergebnisse des Spanischen Erbfolgekriegs in Nordamerika zusammen, so wird man festhalten können, dass es zwischen den spanischen und den britischen Besitzungen keine Grenzverschiebungen gab. Es zeichnete sich aber ab, dass die Spanier nicht über Florida nach Norden hinaus ausgreifen würden. Im Norden hatten die Briten zwar Geländegewinne zu verzeichnen; ihren Kernbestand konnten die Franzosen aber behaupten. Definitiv entschieden wurde der nordamerikanische Kolonialkonflikt erst im Siebenjährigen Krieg (bzw. French and Indian War, 1754–1763).

Auch Handelsfragen spielten im Kontext des Spanischen Erbfolgekriegs eine wichtige Rolle. Die Übertragung des *Asiento de Negros* an die französische Guineakompanie im Sommer 1701 war ja sogar einer der Gründe für seinen Ausbruch. Um den Stellenwert dieser Maßnahme einschätzen zu können, muss man wissen, dass Spanien von Beginn an ein Monopol für den Handel mit seinen Kolonien beanspruchte. Selbstverständlich strebten andere Seefahrernationen aber eine Beteiligung an dem lukrativen Geschäft an, sei es durch Schmuggel oder Schleichhandel, sei es durch Handelsprivilegien oder eben durch einen *Asiento*, also einen Vertrag, durch welchen die spanische Krone das Monopol auf den Handel mit einem bestimmten Gut befristet verpachtete. Durch einen solchen Vertrag sicherte sich Spanien feste Einnahmen, das Risiko, aber auch der die vereinbarten Zahlungen übersteigende Gewinn blieben dem Pächter.

Besonders lukrativ war der *Asiento de Negros*, denn der Bedarf der süd- und mittelamerikanischen Plantagenwirtschaft an schwarzafrikanischen Sklaven war enorm: Insgesamt sind von Europäern (und Nordamerikanern) bis ins 19. Jahrhundert etwa 11 642 000 Afrikaner verschleppt worden. Aufgrund der v. a. in den ersten Jahrhunderten hohen Todesrate kamen nur 9 566 000 in Amerika an (Zahlen nach Wolfgang Reinhard). Im Verlauf des 18. Jahrhunderts sank die Todesrate von 20 auf 5 Prozent; dieser Entwicklung lagen allerdings weniger humanitäre als Profiterwägungen zugrunde.

Der *Asiento de Negros* war häufig mit Nebenabreden verbunden, wie Krediten oder der Versorgung der Kolonien mit bestimmten weiteren Gütern. Auch von britischer Seite gab es großes Interesse an dem *Asiento*. Schon seit geraumer Zeit beteiligten sich Briten an dem profitablen transatlantischen Sklavenhandel, indem sie sich als «Zulieferer» der Inhaber des *Asiento* betätigten. 1696 hatte sich die *Royal African Company* um den *Asiento* beworben, den Zuschlag aber erhielt die portugiesische *Companhia de Cacheu*. Dies bedeutete freilich nicht die Ausschaltung der Briten aus dem Sklavenhandel – ganz anders aber 1701 die Übertragung des *Asiento* an den bereits erwähnten Jean-Baptiste Ducasse im Namen der eben zu diesem Zweck neugegründeten französischen Guineakompanie. Zu diesem zentralen Konfliktpunkt kamen andere Handelsstreitigkeiten, wie das Verbot des Tabakimports aus Virginia nach Spanien, Einfuhrverbote für britische Tuche nach Frankreich und Gerüchte über eine geplante spanisch-französische Handelskompanie für den Tuchhandel mit Amerika. Auch das Vorgehen regionaler Behörden (z. B. in Málaga) gegen englische und niederländische Kaufleute förderte die Kriegsbereitschaft. Es waren also nicht zuletzt vitale wirtschaftliche Interessen, die England in den Krieg gegen die Bourbonenkronen eintreten ließen.

Trotz gesetzlicher Verbote riss der Handel zwischen den Kontrahenten keineswegs völlig ab. Auch in Kriegszeiten gab es Handelsbeziehungen über Dritte, zum Beispiel die Hansestädte, außerdem Schmuggel, der sich zum Kriegsende hin verstärkte. Frankreich gewährte immer wieder Pässe für niederländische, seit 1707 auch für britische Kaufleute, nicht zuletzt, um die Versorgung mit kriegswichtigen Gütern sicherzustellen. 1711 billigte Großbritannien ausdrücklich die Einfuhr französischer Waren durch neutrale Zwischenhändler.

Der Ostindienhandel wurde durch Krieg und Kaperei aufs Ganze gesehen nicht nachhaltig beeinträchtigt. Andererseits konnte die französische Guineakompanie ihre durch den *Asiento* übernommenen Verpflichtungen nicht erfüllen und die geforderten Sklavenzahlen nicht bereitstellen. Am Ende des Krieges war aber klar, dass ihr Monopol ohnehin passé war, denn für die Briten war der Gewinn des *Asiento* eine Friedensbedingung sine qua non.

IV. Der lange Weg zum Frieden

1. Die gescheiterten Friedensverhandlungen von 1709/10

Im Jahr 1708 stellte sich die militärische Lage für die Bourbonenkronen ungünstig dar: Die verbündeten Kurfürsten von Bayern und Köln waren vertrieben, Italien und die Spanischen Niederlande waren weitgehend verloren, auf See besaßen die Alliierten die Übermacht, und «Karl III.» hatte festen Fuß in Katalonien gefasst. Zwar hatte der habsburgische Prätendent sich nicht in Kastilien durchgesetzt und waren die von den Alliierten geplanten Invasionen in die Provence und ins Elsass vorerst gescheitert; immerhin waren aber erste Einbrüche in den französischen Festungsgürtel (Landau, Lille) zu verzeichnen.

Außerdem gab es in Frankreich innere Probleme: Der 1702 ausgebrochene Aufstand südfranzösischer Hugenotten, der sogenannte Camisardenaufstand, hatte zwar 1704/05 durch den massiven Einsatz regulärer Truppen niedergeworfen werden können, allerdings war in den letzten Jahren Ludwigs XIV. ein vielfältiger Geist der Unzufriedenheit und Opposition spürbar. Der Konflikt mit der auf das frühe 17. Jahrhundert zurückgehenden innerkatholischen Reformbewegung des Jansenismus, die unter den französischen Intellektuellen und Geistlichen zahlreiche Anhänger besaß, war nach einer Phase relativer Ruhe 1701 erneut aufgeflammt. Die Zerstörung des Klosters Port-Royal, des bedeutendsten geistigen Zentrums des Jansenismus, konnte die Bewegung als solche nicht beseitigen. Bei vielen Jansenisten lässt sich auch ein Zusammenfallen von religiösem und politischem Dissens ausmachen. Die Kritik am «Despotismus» Ludwigs XIV. sowie an den politischen und gesellschaftlichen Verhältnissen sollte nicht mehr verstummen. Ein Hort der Opposition war dabei das Parlement von Paris, jener oberste Gerichtshof, der durch sein Recht, Gesetze einzuregistrieren, auch bei der Gesetzgebung ein Wort mitzusprechen hatte. Selbst am Versailler Hof wurde deutlicher Reformbedarf artikuliert, wie in dem anonym veröffentlichten Steuerreformprojekt des berühmten Festungsbaumeisters Vauban («Projet d'une dixme royal», 1707), das im Jahr nach seinem Erscheinen verboten wurde, oder in dem «Projet de gouvernement» des Herzogs von Saint-Simon (1714). Schon 1694–1696, im frühaufklärerisch geprägten «Télémaque» des Erzbischofs von Cambrai und Erziehers des Herzogs von Burgund, François de Salignac de La Mothe-Fénelon, der ab 1698 in Abschriften am Hof kursierte, war Kritik an den herrschenden Verhältnissen laut geworden. Eben auf den Herzog von Burgund, den zweiten in der Thronfolge, konzentrierten sich die Hoffnungen der Opposition, die freilich keinen radikalen Umsturz, wohl aber mehr oder weniger umfassende Reformen anstrebte.

Besonderer Reformbedarf bestand im Bereich der Staatsfinanzen. Infolge des Krieges stieg das jährliche Staatsdefizit von 72,9 Mio. Livres auf 225 Mio. Livres im Jahr 1711 an, und 1715 erreichte die Gesamtschuld einen Höchststand von 3,5 Milliarden Livres. 1709 rettete nur die Ankunft der spanischen Silberflotte Frankreich vor dem Staatsbankrott. Mit allerlei Mitteln versuchte man, die ärgsten Haushaltslöcher zu stopfen: durch Steuererhöhungen und die Einführung neuer Steuern, durch Kreditaufnahme und Ämter- sowie Titelverkäufe, durch die Veräußerung des Versailler Tafelsilbers und durch die Reduktion des Feingehalts der Münzen. Manche dieser Maßnahmen erzeugten mittel- und langfristig noch größere Probleme, als sich etwa 1710 der Klerus durch eine Einmalzahlung von 24 Mio. Livres die Befreiung von der Kopfsteuer (*Capitation*) erkaufte. Eine grundsätzliche Finanzreform aber blieb ein Desiderat: Während der Großteil der Bevölkerung durch die Steuern überfordert war, wurden die Steuerprivilegien von Adel und Klerus nicht angetastet.

Verschärft wurden die kriegsbedingten Probleme – nicht nur in Frankreich – durch den «Jahrtausendwinter» 1708/09. Extrem niedrige Temperaturen in ganz Kontinentaleuropa – in Berlin soll die mittlere Tagestemperatur am 10. Januar 1709 –30°C betragen haben, die letzte Frostnacht im Trierer Raum war am 7. Juli, und selbst am Versailler Hof soll das Wasser bei Tisch gefroren sein – führten zu einer Vernichtung des Wintergetreides und setzten eine unheilvolle Kette von Ernteausfällen, Teuerung, Hungersnot und Krankheitsanfälligkeit der durch Mangelernährung geschwächten Bevölkerung in Gang: Allein in Frankreich rechnet man mit 1,5 Mio. Toten infolge des «Grand Hiver».

Zu den französischen Sparmaßnahmen von 1709 gehörte auch die bereits erwähnte Einstellung der Unterstützung für Spanien. Hierbei handelte es sich aber nicht nur um eine fiskalische, sondern zugleich um eine politische Maßnahme, durch die Druck auf Philipp V. ausgeübt werden sollte. Sie steht im Zusammenhang mit den Friedensverhandlungen, die um diese Zeit in den Niederlanden geführt wurden.

Erste Friedensfühler in Den Haag hatte Ludwig XIV. bereits nach den Niederlagen des Jahres 1706 ausgestreckt, um die Republik möglicherweise durch die Überlassung der Spanischen Niederlande zu einem Separatfrieden zu verleiten. Nachhaltige Ergebnisse hatten diese Sondierungen aber nicht gehabt, außer dass sich Marlborough, Heinsius und Sinzendorf auf gemeinsame Kriegsziele verständigt hatten. Dazu gehörten u. a. der Westfälische Friede als Basis, die Sicherung der hannoverschen Thronfolge in England, der Verzicht Philipps V. auf die spanischen Nebenlande, die Trennung Spaniens und Frankreichs sowie die Schleifung Dünkirchens. Die Zusicherung Spaniens und der Kolonien für «Karl III.» konnte Sinzendorf dagegen nicht durchsetzen. 1707 lancierte Ludwig XIV. über den bayerischen Kurfürsten ein weiteres Friedensangebot, das darauf hinauslief, dass Philipp V. entweder auf Spanien mit den Kolonien oder auf die spanischen Nebenlande verzichten würde, doch auch dieser Vorstoß blieb ergebnislos.

Unter dem Eindruck der akuten Krise wurde im Februar 1709 im französischen Staatsrat erneut über Krieg und Frieden debattiert, wobei sich der Grand Dauphin Ludwig mit Nachdruck für die Fortsetzung des Krieges, sein Sohn, der Herzog von Burgund, aber ebenso entschieden für den Frieden aussprach. Der König schloss sich dem Votum seines Außenstaatssekretärs Colbert de Torcy an, der ebenfalls Friedenssondierungen befürwortete, und entsandte den Präsidenten des Grand Conseil, Pierre Rouillé de Marbeuf, in die Vereinigten Niederlande. Dessen Instruktionen beinhalteten beachtliche Zugeständnisse: Ludwig XIV. versprach nicht nur eine Barriere und Handelsvorteile für die Niederländer, die Anerkennung Königin Annas und der protestantischen Thronfolge in Großbritannien, sondern zeigte sich bereit, auf Spanien und die Kolonien, die Spanischen Niederlande, Mailand und notfalls auch auf Sardinien zu verzichten, sodass Philipp von Anjou als Entschädigung lediglich Neapel und Sizilien verblieben wären. Weniger groß war sein Entgegenkommen gegenüber dem Reich: Hier bestand er auf dem Rijswijker Frieden als Basis und einer weitgehenden Restitution der Wittelsbacher Kurfürsten. Das Eintreten für diese beiden Klienten war für den Sonnenkönig ebenso ein *Point d'honneur* wie die Verweigerung der Ausweisung der katholischen Stuarts.

In den folgenden Monaten wich Ludwig XIV. jedoch noch weiter zurück. Als im April 1709 Außenstaatssekretär Torcy selbst in die Niederlande reiste, um die Verhandlungen fortzuführen, hatte er noch weitergehende Zugeständnisse im Gepäck: Notfalls war Frankreich zur Abtretung von Lille, Tournai und Maubeuge an der niederländischen Grenze und zur Wiederherstellung der Besitzverhältnisse von 1648 im Elsass bereit. Zudem sollte nicht nur eine niederländische, sondern auch eine Reichsbarriere eingeräumt werden. Die Entschädigung Philipps V. war notfalls auf Neapel allein zu beschränken – wenigstens der

Königstitel sollte ihm bleiben. Um die Wiederaufnahme der Kämpfe in der Kampagne 1709 zu verhindern, ging Ludwig wenig später sogar noch einen Schritt weiter, indem er sich zum Verzicht auf jegliche Abfindung seines Enkels bereit erklärte, der selbst an den Haager Verhandlungen nicht beteiligt war.

Als Ergebnis der Gespräche ließen die alliierten Verhandlungsführer Marlborough, Heinsius, Prinz Eugen und Sinzendorf einen auf den 27. Mai 1709 datierten Präliminarvertrag aufsetzen, der faktisch ein ultimativer Friedensoktroi gegenüber Frankreich war: Nicht nur sollte Philipp V. zugunsten der Habsburger entschädigungslos auf das gesamte spanische Erbe verzichten, sondern auch Frankreich sollte Gebiete an der niederländischen Grenze und im Elsass (zur Errichtung der niederländischen und der Reichsbarriere), in den Alpen (an Savoyen) und in den Kolonien (an Großbritannien, u. a. Neufundland) abtreten und zudem die wichtige Kanalfestung Dünkirchen schleifen. Selbstverständlich war die protestantische Thronfolge in Großbritannien und die niederländische Barriere zuzugestehen und sollten die Seemächte Handelsvorteile erhalten. Über die Restitution der Wittelsbacher Kurfürsten sollte dagegen erst bei den Hauptfriedensverhandlungen entschieden werden. Zu allen genannten Zugeständnissen wäre Ludwig XIV. bereit gewesen. Dass Torcy im Namen seines Königs die Unterschrift verweigerte und aus Den Haag abreiste, lag vor allem an Artikel 4 der Präliminarien, der eine Beteiligung Ludwigs an der Vertreibung seines Enkels aus Spanien implizierte, sollte dieser sich weigern, das Feld freiwillig zu räumen, und an Artikel 37, der den Waffenstillstand an die Übergabe der ganzen spanischen Monarchie an «Karl III.» und den Abschluss des Definitivfriedens band.

Ungeachtet der Abreise Torcys unterzeichneten die Vertreter der Alliierten ihrerseits die Präliminarien am 29. Mai 1709, in der festen Zuversicht, das am Boden liegende Frankreich werde doch noch nachgeben müssen. Aber am 2. Juni verwarf der französische Staatsrat die Friedensbedingungen, und am 9. Juni reiste auch Rouillé aus Den Haag ab: Für Ludwig XIV. war es mit seiner königlichen Ehre unvereinbar, einen aus seiner Sicht widerrechtlichen Krieg gegen seinen Enkel zu führen.

Unzufrieden mit den Präliminarien war man aber auch im Reich, da von der angestrebten Reichsbarriere keine Rede war. Auch der kaiserliche Obristhofmeister Salm machte dem Prinzen Eugen den Vorwurf, die Reichsinteressen verraten zu haben. Auf französischer Seite wurden unter anderem von der Herzogin von Orléans, Liselotte von der Pfalz, wegen der harten Präliminarien heftige Vorwürfe gegen Marlborough und den Prinzen Eugen erhoben.

Nach dem Scheitern der Friedensverhandlungen und der verlustreichen Schlacht von Malplaquet sicherte sich London die Bündnistreue der Generalstaaten durch einen geheimen Vertrag. Darin stimmte Großbritannien der Überlassung der Kontrolle über eine Reihe südniederländischer Festungen sowie über Obergeldern an die Vereinigten Niederlande zu, die sich ihrerseits zur Unterstützung der protestantischen Thronfolge in Großbritannien verpflichteten (sog. Erster Barrierevertrag vom 29. Oktober 1709).

1710 wurden in Geertruidenberg auf der Basis der Präliminarien von 1709 die Friedensgespräche wiederaufgenommen, allerdings abermals vergeblich, obwohl Ludwig XIV. sich diesmal sogar bereit erklärte, die Vertreibung Philipps V. mit Subsidien zu unterstützen. Erneut konnte man sich über die Artikel 4 und 37 nicht einigen, die für die Alliierten eine Sicherungsklausel darstellten, für Ludwig XIV. aber eine Beeinträchtigung seiner königlichen Ehre und eine Gefährdung seiner Sicherheitsinteressen.

In der Retrospektive erscheinen die Verhandlungen von 1709/10 als eine von den Alliierten verpasste Chance. Tatsächlich waren ihre Forderungen, die darauf abzielten, alle potentiell von Frankreich ausgehenden Gefahren ein für alle Mal abzuwenden, sehr weitgehend und tangierten, besonders in Artikel 4 und 37, ohne Frage die Ehre des Sonnenkönigs. Andererseits wäre – das zeigten die Ereignisse auf dem spanischen Kriegsschauplatz – die Vertreibung Philipps V. durch die Alliierten allein schwer zu bewältigen gewesen, und man konnte argwöhnen, dass Ludwig XIV. durch seine Weigerung letztlich darauf abzielte, seinem Enkel den Thron doch noch zu erhalten.

2. Die Wende des Jahres 1711

Dass das Jahr 1711 zu einem Wendepunkt des Spanischen Erbfolgekriegs wurde, war wesentlich auf grundlegende innenpolitische Veränderungen in Großbritannien zurückzuführen: Diejenige unter den Hauptmächten der Großen Allianz, die sich als Letzte zum Krieg entschieden hatte, schickte sich nun an, sich als Erste aus ihm zurückzuziehen.

Durch die Glorreiche Revolution von 1688/89 waren nicht nur die katholischen Stuarts vertrieben, sondern zugleich das politische Kräftefeld auf den Britischen Inseln grundsätzlich verändert worden. Sie hatte zwar nicht auf einen Schlag eine vollausgebildete parlamentarische Monarchie etabliert (von der man vielmehr erst für das 19. Jahrhundert sprechen sollte), wohl aber hatte sie die monarchische Prärogative spürbar zurückgedrängt und die Rolle des Parlaments mit seinen beiden Häusern, dem Oberhaus (Peers) und dem Unterhaus (Commons), gestärkt. Selbst in Fragen der Außenpolitik, traditionell ein Reservat der monarchischen Prärogative, beanspruchte es ein Mitspracherecht – und besaß durch sein Budgetrecht ein wirksames Mittel, diesen Anspruch auch durchzusetzen, zumal wenn es darum ging, einen Krieg zu finanzieren.

In der politischen Landschaft Englands waren seit der zweiten Hälfte des 17. Jahrhunderts zwei große Lager zu unterscheiden: die Whigs und die Tories. Wenn man in diesem Zusammenhang von «Parteien» spricht, sollte man das nicht im modernen Sinne tun, sondern sich bewusst sein, dass es sich um Sammelbegriffe für politische Richtungen handelt, die durch bestimmte Grundüberzeugungen charakterisiert waren. Während die Whigs prononciert als Vertreter der protestantischen Freiheiten auftraten, ausgeprägte Sympathien für radikalreformierte Splittergruppen (*Dissenters*) erkennen ließen und die Basis des Staates in einem Gesellschaftsvertrag sahen, waren die Tories hochkirchlich im Sinne der anglikanischen Bischofskirche geprägt, verfochten das dynastische Legitimitätsprinzip und hielten am Gottesgnadentum als Herrschaftsgrundlage der Könige fest. Tendenziell vertraten die Whigs eher das «moneyed interest», also die Belange von Handel und Finanzwelt, während sich die Tories vornehmlich auf die ländlichen Grundbesitzer stützten («landed interest»). Durch die sich ausbildende politische Presse versuchten Whigs und Tories die Öffentlichkeit zu beeinflussen. Es kam zu einer wachsenden Polarisierung der politischen Öffentlichkeit, die durch die nun regelmäßig stattfindenden Wahlen zum Unterhaus wieder auf das Parlament zurückwirkte.

Im Spanischen Erbfolgekrieg profilierten sich die Whigs als Kriegsbefürworter, wobei sie sich auf die Verteidigung der britischen Handelsinteressen und die Sicherung der protestantischen Thronfolge beriefen, während die Tories eine erkennbare Skepsis gegenüber kostspieligen militärischen Abenteuern auf dem Kontinent an den Tag legten. Diese Positionsbestimmungen von Whigs und Tories sollten freilich nicht zu schematisch betrachtet werden. Die skizzierten Haltungen wurden unterschiedlich stark akzentuiert und vielfältig kombiniert. Beispielsweise stand der Herzog von Marlborough von seinen Grundeinstellungen her den Tories nahe, war jedoch ein glühender Verfechter des Krieges.

In der Zeit Königin Annas bestand zunächst ein wohlaustariertes Kräftegleichgewicht zwischen Whigs, Tories und dem Hof, dessen Rolle in der englischen Politik immer noch bedeutend war. Die Königin war dabei bestrebt, eine Position über den Parteien einzunehmen. In den ersten Regierungen Annas dominierten dementsprechend moderate Tories (Lord High Treasurer Godolphin) und Whigs (Staatssekretär Robert Harley). Im Hintergrund stand Marlborough, der seinen Einfluss auch bei Abwesenheit zur Geltung zu bringen wusste. Von essentieller Bedeutung war hier seine Frau Sarah, eine glühende Whiggistin, die bei Königin Anna eine Vertrauensstellung einnahm. Ein später Nachfahre der Marlboroughs, der britische Premier Winston Churchill, charakterisierte die Situation zutreffend so, dass der Herzog von Marlborough den Krieg, Godolphin das Parlament und Sarah Marlborough die Königin gelenkt habe. Die beiden «Duumvirn» Marlborough und Godolphin waren auch familiär verbunden; eine Tochter des Herzogs heiratete einen Sohn des Schatzkanzlers.

Das sorgsam austarierte Gleichgewicht der politischen Kräfte geriet 1708 aus dem Lot, als die Führer der extremen Whigs, die sogenannten Junto-Whigs, nach ihrem überwältigenden Sieg bei den Unterhauswahlen ihre Aufnahme in die Regierung beanspruchten und mehrere moderate Politiker, u. a. Robert Harley, verdrängten. Königin Anna stimmte der Regierungsumbildung nur widerwillig zu, nachdem Marlborough und Godolphin mit Rücktritt gedroht hatten. Die wachsende Irritation Annas über die «Duumvirn» ging mit ihrer Entfremdung von der selbstbewussten Sarah einher, die es mehr als einmal an Respekt vor der Königin fehlen ließ und ihre Vertrauensstellung nach und nach an ihre Cousine Abigail Masham verlor. Zugleich wurde ab 1709 die Stellung ihres Mannes angesichts fehlender militärischer Erfolge, hoher Kriegskosten und der gescheiterten Friedensverhandlungen zusehends angreifbar. Der Stimmungsumschwung im politischen Großbritannien schlug sich bei den Wahlen im Herbst 1710 nieder: Hauptwahlkampfthema war der Krieg, und die Whigs erlitten eine krachende Niederlage. Schon vorher hatte die Königin Godolphin und die Junto-Whigs aus der Regierung entlassen und Robert Harley (seit 1711 Graf von Oxford) zum Schatzkanzler berufen, der nun einem Tory-Kabinett vorstand, in dem neben ihm der Außenstaatssekretär Henry St. John (seit 1712 Viscount Bolingbroke), der bereits 1704 bis 1708 als Kriegsminister der Regierung angehört hatte, eine zentrale Rolle spielte. Zwar konnte Marlborough im Oberhaus immer noch auf Rückhalt hoffen, doch mit der Entlassung seiner Frau aus sämtlichen Hofämtern im Januar 1711 brach ein weiterer Pfeiler seines Einflusses zusammen. Dessen ungeachtet opponierte er, unterstützt von der whiggistischen Presse, offen gegen den von der neuen Regierung eingeschlagenen Friedenskurs. Doch seine politischen Gegner setzten sich durch: Unter Korruptionsvorwürfen wurde er im Dezember 1711 als Oberbefehlshaber entlassen und ging im folgenden Jahr gemeinsam mit seiner Frau in ein freiwilliges Exil auf dem Kontinent. Damit waren in Großbritannien innenpolitisch alle Voraussetzungen für einen baldigen Friedensschluss geschaffen.

Außerdem bewirkte im Jahr 1711 der plötzliche Tod Kaiser

Josephs I., der am 17. April an den Pocken starb, eine grundsätzliche Veränderung der politisch-dynastischen Konstellationen in Europa. Da Joseph zwei Töchter, aber keinen Sohn hinterließ, war entsprechend den hausgesetzlichen Regelungen von 1703 sein Bruder, der spanische Thronprätendent Karl, der Erbe. Erst auf beharrliches Drängen seiner Mutter, der Kaiserinwitwe Eleonore, und der Wiener Minister verließ Karl im September 1711 Barcelona und landete am 12. Oktober in Italien, am selben Tag, an dem er von den Kurfürsten in Frankfurt als Karl VI. zum Römischen Kaiser gewählt wurde. Über Mailand und Innsbruck, wo er mit führenden österreichischen Ministern zusammentraf, reiste er nach Frankfurt, wo er am 22. Dezember die Kaiserkrone empfing. Am 26. Januar 1712 hielt er seinen feierlichen Einzug in Wien.

Mit der Nachfolge Karls VI. in den Landen der österreichischen Habsburger und im Kaiseramt war das Projekt von 1703, erneut zwei habsburgische Linien in Österreich und Spanien zu etablieren, hinfällig. Damit verlor zugleich der Plan, Philipp V. durch «Karl III.» als König von Spanien zu ersetzen, für seine Verbündeten jegliche Attraktivität. Im Gegenteil: Die Aussicht, auf diese Weise das Riesenreich Karls V. wiederherzustellen und so die Gefahr einer bourbonischen durch eine habsburgische Universalmonarchie zu bannen, stellte für sie eher ein Horrorszenario dar. Es bestand deshalb keine realistische Aussicht, dass sie Karl VI. weiterhin in seinem Streben nach dem spanischen Thron unterstützen würden.

Freilich riss der Tod in den letzten Jahren des Erbfolgekriegs auch in die Reihen des Hauses Bourbon Lücken, die den Abstand zwischen Philipp V. und dem französischen Thron schwinden ließen: Im April 1711 starb der Grand Dauphin Ludwig (ebenfalls an den Pocken), im Februar 1712 folgten sein ältester Sohn, der Herzog von Burgund, und dessen Gemahlin Maria Adelaide von Savoyen, und nur einen Monat später ihr ältester überlebender Sohn, der Herzog der Bretagne. Schließlich erlag im Mai 1714 Karl von Berry den Folgen eines Jagdunfalls. Damit lebten vom Mannesstamm des Hauses Bourbon nur noch der greise Ludwig XIV., sein Urenkel Ludwig, der spätere

Ludwig XV. (* 1710, reg. 1715–1774), und Philipp V. von Spanien mit seinen Söhnen, ferner Philipp II. von Orléans, der Neffe Ludwigs XIV., und sein Sohn Ludwig sowie die Nebenlinie Bourbon-Condé. Wie besorgt Ludwig XIV. darüber war, zeigte sich, als er 1714 seinen legitimierten Söhnen aus der Verbindung mit der Marquise de Montespan, Louis-Auguste, Herzog von Maine, und Louis Alexandre, Graf von Toulouse, das Erbrecht auf die französische Krone verlieh. Dennoch hatte die drohende dynastische Krise des Hauses Bourbon weniger Auswirkungen auf die Friedensverhandlungen als der jüngste Todesfall im Haus Österreich, auch wenn das alte Thema der Trennung der Kronen Frankreich und Spanien wieder auf die Tagesordnung kam.

3. Die Friedensverträge von Utrecht 1713

Vor dem Hintergrund der allgemeinen finanziellen und ökonomischen Erschöpfung war im Jahr 1711 die Zeit reif für den Frieden, jedenfalls für einen Teil der Kriegsteilnehmer. Während nämlich Ludwig XIV. zu einem Verzicht- bzw. Kompromissfrieden bereit und die neue britische Regierung ohnehin gewillt war, den Krieg möglichst bald zu beenden, war man in den Niederlanden noch unschlüssig. Dagegen zeigte sich Karl VI. entschlossen weiterzukämpfen, um die in den Präliminarien von 1709 niedergelegten Kriegsziele zu verwirklichen. Der wachsende und immer offenkundiger werdende Zwiespalt zwischen den Alliierten eröffnete der französischen Diplomatie die Möglichkeit, wie schon 1678/79 in Nimwegen und 1697 in Rijswijk, durch separate Vertragsschlüsse einzelne Kriegsgegner zu isolieren und so günstigere Konditionen für sich herauszuhandeln.

Auch nach dem Scheitern der Verhandlungen von Geertruidenberg waren die Kontakte zwischen Ludwig XIV. und den Alliierten nicht völlig abgerissen. Nun avancierte Großbritannien statt der Vereinigten Niederlande zum wichtigsten Ansprechpartner Frankreichs. Wichtige Verbindungsmänner waren der Graf von Jersey, ein Anhänger der gestürzten Stuarts und ehemaliger englischer Botschafter in Frankreich, sowie sein französischer Kaplan Jacques de Gaultier, über den der Kontakt zu Torcy hergestellt wurde. Robert Harley wollte freilich keinen Frieden um jeden Preis, sondern aus einer Position der Stärke heraus einen, der den wesentlichen britischen Kriegszielen Rechnung trug. Zugleich trug er Sorge, den angestrebten Frieden publizistisch vorzubereiten, indem er eine Pressekampagne gegen Marlborough und die friedensunwilligen Whigs lancierte.

Im Winter 1710/11 beschritt Harley den Weg, der Großbritannien in den Frieden, aber weg von seinen Alliierten führte. Unter dem Eindruck des zweiten gescheiterten Vorstoßes der Alliierten nach Madrid schickte er Gaultier nach Versailles. Der erste Aufenthalt des Abbé am französischen Hof erbrachte noch keine konkreten Ergebnisse, doch bei seiner zweiten Reise im März/April 1711 gab ihm Torcy konkrete schriftliche Friedensangebote an die Hand, die den britischen Wünschen weit entgegenkamen. Die Geheimverhandlungen waren also schon weit gediehen, als der Tod Kaiser Josephs I. (Mitte April) ihnen einen zusätzlichen Impuls verlieh.

Ab dem Frühjahr 1711 wurde allmählich der Schleier des Geheimnisses gelüftet: Am 26. April informierte Königin Anna das gesamte Kabinett über die französischen Vorschläge, wobei der Eindruck erweckt wurde, als sei die Friedensinitiative von Frankreich ausgegangen. Da die bald darauf ebenfalls informierten Niederländer zurückhaltend reagierten und an den Bedingungen von 1709 festhielten, fühlte sich Harley frei, ohne weitere Rücksicht auf die Verbündeten die Verhandlungen fortzusetzen, die nur noch bezüglich ihrer konkreten Inhalte als geheim zu bezeichnen waren. Dass es französisch-britische Friedensgespräche gab, war im Sommer 1711 nämlich allgemein bekannt, spätestens als der im August aus Frankreich zurückkehrende Emissär Harleys, der erfahrene Diplomat Matthew Prior, bei seiner Landung in Dover gemeinsam mit Gaultier und dem französischen Bevollmächtigten Nicolas Mesnager von einem lokalen Beamten inhaftiert und nur auf persönlichen Befehl von Staatssekretär St. John freigelassen worden war.

Davon, dass die whiggistische Propaganda die Einnahme der französischen Festung Bouchain am 12. September 1711 als wichtigen Schritt auf dem Weg nach Versailles und damit zum definitiven Sieg über Frankreich zu verkaufen suchte, ließ sich die Regierung nicht beeindrucken. Sie verstärkte vielmehr ihre publizistischen Angriffe auf Marlborough und rückte daneben auch die unzureichenden Kriegsanstrengungen der Alliierten ins Zentrum der Kritik. Dadurch wurde der Kompromissfrieden mit Ludwig XIV., über den Harley, St. John und Mesnager unterdessen mit Hochdruck weiterverhandelten, vorab legitimiert. Allerdings bestand die englische Seite darauf, in den bilateralen Gesprächen nur über Präliminarien, nicht aber über einen separaten Definitivfrieden zu verhandeln.

Am 8. Oktober (bzw. am 27. September nach dem in Großbritannien noch geltenden Gregorianischen Kalender) konnte in London der Präliminarfrieden unterzeichnet werden, der aus drei Teilen bestand. Das erste, ostensible Dokument beinhaltete eine Reihe französischer Zusicherungen: die Anerkennung Königin Annas und der protestantischen Thronfolge in Großbritannien, den Ausschluss einer Vereinigung Frankreichs und Spaniens, die Wiederherstellung des internationalen Handels, Barrieren für die Vereinigten Niederlande und das Reich, die Schleifung Dünkirchens und schließlich das Versprechen, die Forderungen aller Kriegsparteien auf dem kommenden Friedenskongress zu erörtern. In einem geheimen Separatartikel versprach Frankreich, mit Großbritannien zu kooperieren, um dem Herzog von Savoyen nicht näher bezeichnete Gebietsgewinne in Italien zu sichern. Schließlich behandelte ein drittes, ebenfalls geheimes Dokument die spezifisch britischen Forderungen und die französischen Reaktionen: Wiederaufgegriffen wurden die protestantische Thronfolge, die Wiederherstellung des Handels und die Schleifung Dünkirchens. Zusätzlich – und das waren die brisanten Teile – wurden die Abtretung Port Mahóns, Gibraltars, britische Gebietsgewinne in den Kolonien und schließlich die Übertragung des *Asiento de Negros* an die Briten in Aussicht gestellt. Fallengelassen wurde auf persönliche Intervention der Königin die Forderung, die katholischen Stuarts aus Frankreich auszuweisen.

Durch die Präliminarien hatte Großbritannien die Erfüllung

seiner wesentlichen Forderungen gesichert, noch bevor der allgemeine Friedenskongress überhaupt eröffnet worden war. Stillschweigend vorausgesetzt wurde bei den Vereinbarungen, dass Philipp V. König von Spanien und Herr über die spanischen Kolonien bleiben werde.

Bald waren Gerüchte über die Unterzeichnung der Präliminarien im Umlauf, und am 11./22. Oktober wurde ihr erster Teil den Londoner Gesandten der Verbündeten zur Kenntnis gegeben. Damit verbunden war die Aufforderung, auf ihrer Basis einen allgemeinen Friedenskongress einzuberufen.

Die Reaktionen im In- und Ausland waren heftig: Die whiggistische Presse sprach von Verrat an den Verbündeten und den britischen Interessen. Von den Alliierten reagierte vor allem der Wiener Hof betroffen. Auch der Kurfürst von Hannover und Thronfolger Königin Annas verurteilte die Präliminarien. Karl VI. richtete nicht nur ein Protestschreiben an Königin Anna, sondern schickte nach seiner Krönung sogar den Prinzen Eugen nach London, um für die Fortsetzung von Allianz und Krieg zu werben. Als dieser in England ankam, war aber Marlborough bereits entlassen, und die Generalstaaten hatten nach anfänglich ebenfalls reservierter Reaktion am 2. Dezember 1711 ihre Zustimmung zum Friedenskongress in Utrecht gegeben. Darauf lud die britische Regierung die Verbündeten ein, ihre Bevollmächtigten bis zum 12. Januar 1712 in die niederländische Provinzhauptstadt zu entsenden. Tatsächlich eröffnet wurde der Kongress aber erst am 29. Januar.

Der Utrechter Friedenskongress war eine durchaus beeindruckende Diplomatenversammlung: Über dreißig Staaten und sonstige Interessenten waren hier vertreten. Freilich waren nicht alle Gesandtschaften so glanzvoll wie die französische, die mehrere hundert Personen umfasste, doch auch die Vertreter eines deutschen Reichsstands wie des Kurfürsten von Trier mussten für ein standesgemäßes Quartier eine Monatsmiete von 500 Reichstalern bezahlen und eine horrende Kaution von 20 000 Gulden stellen.

Um die Verhandlungen zu beschleunigen, kam ein reduziertes Zeremoniell zur Anwendung, das helfen sollte, Rang- und Präzedenzstreitigkeiten zu vermeiden. Das bedeutete freilich nicht, dass alle Rangunterschiede eingeebnet worden wären. Schon die Zulassung zu den Konferenzen war ein Politikum. Insbesondere wurden zunächst weder Vertreter der geächteten Kurfürsten noch solche Philipps V. akkreditiert. Erst als die ersten Vertragsunterzeichnungen im April 1713 völkerrechtlich sichergestellt hatten, dass der Bourbone König von Spanien bleiben würde, wurden seine Gesandten in Utrecht zugelassen. Zwischen den großen und den kleinen Mächten und ihren Vertretern bestanden oder entstanden vielfältige Patronageverhältnisse, die für die Letzteren essentiell waren, um ihre Interessen durchzusetzen. Den großen Mächten boten sie die Möglichkeit, den eigenen Einfluss zu steigern, brachten aber auch Verpflichtungen gegenüber ihren Klienten mit sich.

Von der Eröffnung des Kongresses bis zur Unterzeichnung der ersten Friedensverträge im April 1713 vergingen fast 15 Monate. Die Utrechter Versammlung war wie frühneuzeitliche Friedenskongresse im Allgemeinen geprägt von einer vielfältigen Kommunikation auf den unterschiedlichsten Ebenen bei offiziellen Konferenzen, bei Visiten oder am Rande von Festivitäten – denn selbstverständlich bildete auch die Repräsentation einen unverzichtbaren Teil der Kongresse. Der mündliche und der schriftliche Austausch erfolgte durchaus nach pragmatischen Gesichtspunkten, das heißt unter Berücksichtigung der individuellen Sprachkenntnisse, in verschiedenen Verkehrssprachen, Französisch, Lateinisch, Italienisch, Deutsch und anderen. Die Kommunikation war auch keineswegs auf die Utrechter Gesandten beschränkt, sondern die Mächte wandten sich mit gezielten Publikationen ebenso an eine europäische Öffentlichkeit, um ihre Positionen zu vertreten. Die Gesandten aber waren strikt an die Weisungen ihrer Auftraggeber gebunden. Sie wurden mit ausführlichen Instruktionen versehen, mussten je nach Verhandlungsverlauf aber immer wieder Rücksprache mit ihren Höfen nehmen, was bei der Langsamkeit der Postverbindungen notwendigerweise zu erheblichen Verzögerungen führen musste.

Der Utrechter Kongress hatte aber im Vergleich zu anderen Friedenskongressen ein besonderes Profil. Bereits im Frühjahr

1712 gerieten die Plenarsitzungen ins Stocken, da Franzosen und Kaiserliche sich unversöhnlich gegenüberstanden: Während Erstere die Londoner Absprachen vom Herbst 1711 als Basis des abzuschließenden Friedens betrachteten, bestanden Letztere auf den Präliminarien von 1709. Da sich in Utrecht wenig bewegte, reisten viele Gesandte nach Hause oder nach Den Haag, ohne dass der Kongress freilich förmlich aufgelöst wurde.

Die eigentlichen Verhandlungen, die letztlich zum Friedensschluss führten, fanden jedoch unter größter Geheimhaltung in London und Versailles statt, wie der französische Historiker Lucien Bély dargestellt hat. Selbst die britischen Gesandten in Utrecht wurden nicht über diese Geheimverhandlungen informiert. Überspitzt formuliert, wurde hier unter maßgeblicher Regie des britischen Außenstaatssekretärs Bolingbroke eine Schmierenkomödie aufgeführt, die den Blick der europäischen Öffentlichkeit von den hinter den Kulissen stattfindenden englisch-französischen Gesprächen ablenken sollte.

Der faktische Zerfall der Großen Allianz offenbarte sich auch auf militärischer Ebene. Während die Kaiserlichen immer noch auf einen Entscheidungssieg hofften, um ihre Forderungen durchzusetzen, erhielt der neue britische Oberbefehlshaber in den Niederlanden, James Butler, Herzog von Ormonde, im Mai 1712 den Befehl, keine Operationen gegen Frankreich mehr zuzulassen. Dies spiegelt den Fortschritt der englisch-französischen Geheimverhandlungen wider: Im selben Monat hatte Philipp V. seine Bereitschaft zum definitiven Verzicht auf den französischen Thron erklärt, womit ein wesentliches Friedenshindernis aus dem Weg geräumt war.

Im Juni 1712 fiel die Maske zumindest teilweise, als Königin Anna in ihrer Thronrede die geheimen Inhalte der Londoner Präliminarien bekanntgab, und am 17. Juli wurde ein britisch-französischer Waffenstillstand geschlossen. Abermals war der Aufschrei groß, doch nachdem die niederländisch-kaiserliche Niederlage bei Denain (24. Juli 1712) gegen Marschall Villars verdeutlicht hatte, dass die verbliebenen Alliierten keine Aussicht auf einen Sieg über Frankreich hatten, begannen die Vereinigten Niederlande einzulenken. Am 29. Dezember 1712 wurde eine britisch-niederländische Konvention zur baldigen Herstellung des Friedens unterzeichnet, zu der auch die übrigen Alliierten eingeladen wurden, die aber auch Bestimmungen gegen etwaige Friedensstörer enthielt. Damit waren die Kaiserlichen isoliert, und die Große Allianz war endgültig zerfallen. Die niederländische Zustimmung zum Frieden sicherten sich die Briten durch den Zweiten Barrierevertrag vom 30. Januar 1713, in dem sie der Republik die Befriedigung ihrer elementaren Sicherheitsinteressen durch eine südniederländische Festungskette verbürgten. Wenige Wochen später waren die ersten Friedensverträge unterschriftsreif.

Der Friede von Utrecht ist kein einheitliches Dokument, sondern ein komplexes Vertragswerk, dessen Kern die Friedensabkommen der einzelnen Alliierten mit Frankreich bilden, in dessen Kontext aber auch andere Dokumente gehören, wie der Vertrag zur Räumung Kataloniens und andere Waffenstillstandsverträge, die Barriereverträge oder der Madrider Vertrag über den *Asiento de Negros* (23. März 1713) und weitere Handelsabkommen. Die Friedensverträge Großbritanniens, der Vereinigten Niederlande, Portugals, Preußens und Savoyens mit Frankreich wurden am 11./12. April 1713 unterzeichnet, der britisch-spanische und der savoyisch-spanische am 13. Juli 1713. Der spanisch-niederländische Handelsvertrag folgte erst am 26. Juni 1714; der spanisch-portugiesische Friede von Madrid datiert sogar vom 6. Februar 1715. Diese Verträge unterschieden sich in Form (nicht zuletzt der Sprache!) und Inhalt. Man muss sie gemeinsam betrachten, um ein Gesamtbild der in Utrecht geschaffenen Friedensordnung zu erhalten.

Wenn man eine Kosten-Nutzen-Rechnung aufmacht, wird man zweifellos Großbritannien zum Sieger von Utrecht erklären müssen, das praktisch alle Ziele erreicht hatte, um derentwillen es 1702 in den Krieg eingetreten war – und teilweise mehr: Durch die Anerkennung der protestantischen Thronfolge, das Verbot einer Vereinigung Frankreichs und Spaniens und die Schleifung Dünkirchens war den englischen Sicherheitsinteressen Genüge getan – auch wenn die katholischen Stuarts nicht aus Frankreich ausgewiesen wurden und 1715 eine (gescheiterte) jakobitische Invasion die hannoversche Sukzession zu torpedieren suchte. Schließlich entsprach das noch näher zu betrachtende, in Utrecht etablierte Gleichgewichtssystem ganz den Vorstellungen und Wünschen Londons.

Die handels- und kolonialpolitischen Bodengewinne Großbritanniens sind als ebenso bedeutend einzuschätzen. Vor allem der bereits im Madrider Vertrag vom März 1713 auf dreißig Jahre für die britische *South Sea Company* gesicherte *Asiento de Negros* war ein gewaltiger Erfolg. Schon der Sklavenhandel allein – es wurde ein Quantum von 4800 Menschen festgesetzt, die jährlich in die spanischen Kolonien zu «liefern» waren – versprach reichen Profit. Außerdem wurde ein lizensiertes britisches Schiff (*navio de permiso*) pro Jahr zugestanden, das Portobelo, den Hauptaustauschplatz zwischen karibischem und pazifischem Handel am Isthmus von Panama, anlaufen durfte, eine Bestimmung, die in der Praxis dem britischen Schmuggel und Schleichhandel mit den spanischen Kolonien Tür und Tor öffnen sollte. Im Handel mit Spanien erhielt Großbritannien eine Meistbegünstigungsklausel zugestanden. Frankreich verzichtete auf die Hudson Bay, Neufundland und Gebiete in Akadien, erhielt aber dafür das Befestigungsrecht auf der Ile Royale (Cape Breton). Großbritannien gewann ferner die Karibikinsel Saint Kitts (Saint Christopher). Es konnte somit seine Positionen in der Neuen Welt erheblich verbessern, wenn auch längst noch nicht den französischen Konkurrenten ganz aus dem Feld schlagen. Wichtig war auch der Gewinn Gibraltars und Menorcas, der die britische Stellung im Mittelmeerraum nachhaltig stärkte.

Vergleichbare wirtschaftliche Gewinne konnten die Vereinigten Niederlande nicht verbuchen. Immerhin wurde der Handel mit den Bourbonenkronen wiederhergestellt und die Sperrung der Schelde bestätigt, sodass Antwerpen dauerhaft als Handelskonkurrent der holländischen Städte ausgeschaltet blieb. Vor allem aber erhielten die Generalstaaten die ersehnte Barriere gegen Frankreich, in die auch die vormals französischen Plätze Tournai, Furnes und Ypern einbezogen wurden. Definitiv geregelt wurde die Barriere allerdings erst durch den Dritten Barrierevertrag, der am 11. November 1715 in Antwerpen zwischen den Generalstaaten, Großbritannien und dem Kaiser als neuem Besitzer der vormals spanischen Niederlande geschlossen wurde.

Zu den Utrechter Gewinnern gehörte fraglos auch Viktor Amadeus II. von Savoyen, dem sein savoyisches Stammland und Nizza, die während des Krieges von Frankreich besetzt worden waren, zurückgegeben wurden. Außerdem fanden kleinere Korrekturen an der piemontesisch-französischen Grenze statt. Vor allem aber erhielt der Herzog gegen den Willen des Kaisers nicht nur die 1703 in Aussicht gestellten Gebiete im Monferrato und in der Lombardei, sondern auch die Insel Sizilien mit der Königskrone – und erreichte damit ein Ziel, das seine Dynastie schon seit Jahrzehnten verfolgt hatte: den Aufstieg unter die europäischen Königshäuser.

Auch Friedrich Wilhelm I. in Preußen (* 1688, reg. 1713–1740), der im Februar 1713 seinem Vater Friedrich I. auf den Thron nachgefolgt war, konnte im Rahmen des Utrechter Friedens die völkerrechtliche Anerkennung seiner Königswürde als wichtigen Erfolg verbuchen. Außerdem konnte er sich das vormals spanische Obergeldern, dazu Lingen und Moers aus der Erbmasse Wilhelms III. von Oranien gegen den Verzicht auf das Fürstentum Orange sichern, ferner die Anerkennung der seit 1707 bestehenden hohenzollernschen Herrschaft über das schweizerische Fürstentum Neuchâtel/Neuenburg.

Dagegen ließen sich die erhofften Gebietsgewinne auf der Iberischen Halbinsel für Portugal nicht realisieren. Immerhin verzichtete Ludwig XIV. auf Gebietsansprüche Französisch-Guayanas an der Amazonasmündung; außerdem erhielt Portugal San Sacramento an der Mündung des Rio de la Plata.

Gemischt fällt die Bilanz für die Bourbonenkronen aus: Philipp V. hatte zwar seine Herrschaft über Spanien und die Kolonien im Wesentlichen behaupten können, hatte allerdings auch hier Zugeständnisse machen müssen. Vor allem waren sämtliche spanischen Nebenlande in Europa verloren, und die Position Spaniens unter den europäischen Mächten war erschüttert.

Auch Ludwig XIV. musste Einbußen in den amerikanischen Kolonien sowie an der französischen Nordostgrenze hinnehmen, die indes im Vergleich mit den Präliminarien von 1709 überschaubar ausfielen. Die erheblichen Gebietsgewinne des 17. Jahrhunderts konnten im Wesentlichen behauptet werden. Unter dynastischen Gesichtspunkten war schließlich die Etablierung einer Linie des Hauses Bourbon in Spanien hoch zu veranschlagen. Was dies für das Verhältnis der beiden Länder bedeuten würde, musste sich freilich erst noch erweisen.

Selbst wenn man unter den Kriegsteilnehmern Gewinner und Verlierer ausmachen kann, ist der Utrechter Friede als Kompromissfriede zu betrachten. Er sollte auch ein allgemeiner Friede des christlichen Europa sein und eine dauerhafte Friedenszeit einleiten. Hier kam dem Gleichgewichtsprinzip eine tragende Rolle zu. Dieses wurde erstmals im Text eines völkerrechtlichen Vertrags, konkret dem britisch-spanischen Frieden vom 13. Juli 1713, ausdrücklich zum Leitprinzip der europäischen Staatenordnung erhoben, nachdem es bereits in den dem britisch-französischen Vertrag eingefügten Verzichtserklärungen der französischen Bourbonen auf die spanische Krone genannt worden war. Die konkrete Umsetzung des Gleichgewichtsprinzips war allerdings noch offen.

Der gravierendste Schönheitsfehler des Utrechter Vertragswerks ist zweifellos, dass Kaiser und Reich sich ihm verweigerten. Als die Friedensverträge mit Frankreich unterschrieben wurden, verließ der österreichische Gesandte Ludwig Philipp von Sinzendorf zur großen Betroffenheit der anderen Delegationen gemäß kaiserlichem Befehl Utrecht. Karl VI. wurde durch ein Reichstagsvotum vom 31. Mai 1713 in seiner ablehnenden Haltung unterstützt. Damit blieben auch die Ansprüche der exilierten Wittelsbacher und einiger italienischer Prätendenten in der Schwebe. Tatsächlich waren es wesentlich diese Probleme gewesen, welche die Unterschrift des kaiserlichen Gesandten verhindert hatten.

4. Nachspiel: Die Friedensverträge von Rastatt und Baden (1714)

Nach den Utrechter Friedensschlüssen standen Kaiser und Reich den Bourbonenkronen allein gegenüber. Ob der Krieg erfolgreich weiterzuführen sein würde, musste allerdings höchst zweifelhaft erscheinen. Denn wenn Frankreich finanziell ausgeblutet war, so galt das mindestens ebenso für Österreich. Während 1706, um ein Jahr herauszugreifen, die Militärausgaben eine Höhe von 27 809 838 Gulden erreichten, brachte die Militärsteuer (Kontribution) im selben Zeitraum nur 9 118 666 Gulden ein (Zahlen nach Michael Hochedlinger). Auch Österreich musste also auf außerordentliche Einkünfte zurückgreifen, wie die Subsidien der Seemächte, Kontributionen aus dem besetzten Bayern und aus Reichsitalien, Bewilligungen der Reichsstände, Lehnsverkäufe und Privilegienverleihungen und – nicht zuletzt – Kreditaufnahmen. Wie an vielen anderen deutschen Höfen spielten am Wiener Hof jüdische Finanziers, die sogenannten Hoffaktoren, eine wichtige Rolle, die auch als Heereslieferanten unersetzbar waren. Der bedeutendste war zunächst Samuel Oppenheimer. Seine Firma musste nach dem Tod ihres Gründers Bankrott anmelden – was die Staatskasse von erheblichen Zahlungsverpflichtungen befreite. Zur Tilgung der dessen ungeachtet immer noch gewaltigen Staatsschulden wurde 1705 auf Betreiben des Hofkammerpräsidenten Gundaker Thomas Graf Starhemberg der Wiener Stadt-Banco gegründet. Die jüdischen Finanziers und Händler konnte man dennoch weiterhin nicht entbehren, sodass noch 1703 Samson Wertheimer zum kaiserlichen Oberhoffaktor ernannt wurde. Er erfreute sich eines beachtlichen Ansehens und setzte seine Verbindungen auch zum Schutz der Juden in Wien und andernorts ein.

Trotz aller dieser Maßnahmen dauerte die finanzielle Schwäche des Kaiserhauses an. Sie trat besonders eklatant zutage, als ab 1712 die Subsidien der Seemächte wegfielen. Zwar bewilligte der Reichstag im Januar 1713 erneut eine Reichshilfe in Höhe von 4 Mio. Reichstalern, die allerdings, wie üblich, längst nicht vollständig gezahlt wurden. In seiner Finanznot griff Karl VI. zu ungewöhnlichen Mitteln wie der Veräußerung eines (wenn auch kleinen) Teils seines spanischen Erbes: Im August 1713 verkaufte er die ligurische Markgrafschaft Finale für 2,4 Mio. Gulden an die Republik Genua.

Dies alles aber konnte die strukturelle Unterlegenheit von Kaiser und Reich nicht ausgleichen, ebenso wenig wie das Feldherrngenie eines Prinzen Eugen – zumal wenn diesem mit Marschall Villars ein ebenbürtiger Gegner gegenüberstand. Dies wurde im Feldzug des Jahres 1713, dem letzten des Erbfolgekriegs, nur zu deutlich. Als die Franzosen nach zweimonatiger Belagerung am 20. August Landau zum zweiten Mal zurückeroberten und im November auch Freiburg an sie übergeben werden musste, wuchs am Kaiserhof die Einsicht in die Unausweichlichkeit des Friedensschlusses.

Kontakte wurden über den Pfälzer Kurfürsten Johann Wilhelm und dessen Generalkriegskommissar Lothar Friedrich von Hundheim angesponnen. Zum Ort der kaiserlich-französischen Verhandlungen wurde mit Erlaubnis der Witwe Ludwig Wilhelms von Baden-Baden das Rastatter Schloss bestimmt; Verhandlungsführer sollten Prinz Eugen und Villars selbst sein, die am 26. November 1713 an der Spitze ihrer Delegationen eintrafen. Die strikt bilateral geführten und so die Einflussnahme Dritter minimierenden Friedensverhandlungen gestalteten sich schwierig, waren aber von gegenseitigem Respekt und dem unbedingten Wunsch nach einem Übereinkommen geprägt, sodass in der Nacht vom 6. auf den 7. März 1714 der Friedensvertrag unterschrieben werden konnte. Dieser war nicht, wie es der «Stilus Imperii» forderte, lateinisch, sondern französisch abgefasst, was aber für künftige Verträge, so eine salvatorische Klausel, kein Präjudiz darstellen sollte. Hierin ist allerdings kein «Sieg» des Französischen über die Reichssprache Latein zu sehen, sondern es waren ganz pragmatische Gründe, die zu dieser Lösung führten. Dieser Ausweg erschien den kaiserlichen Gesandten umso unbedenklicher, als es sich bei dem Vertrag erklärtermaßen nicht um einen definitiven Reichsfrieden, sondern um einen Vorvertrag handelte, dem der eigentliche Reichsfrieden erst noch folgen sollte.

Dennoch wurden in Rastatt wichtige Weichenstellungen für den Definitivfrieden vorgenommen und auch die das Reich betreffenden Fragen im Wesentlichen geregelt. Bestätigt wurde, dass Karl VI. aus der spanischen Erbmasse die Niederlande und die italienischen Besitzungen mit Sardinien erhalten sollte. Die von Frankreich rechts des Rheins besetzten Städte Breisach, Freiburg und Kehl sollten zurückgegeben werden, während Landau bei Frankreich verbleiben sollte. Damit war der Status quo ante wiederhergestellt; von einer Reichsbarriere war keine Rede mehr. Die Kurfürsten von Köln und Bayern sollten vollständig restituiert werden; die angestrebte Königskrone für Max Emanuel wusste die kaiserliche Diplomatie aber zu verhindern. Seine Restitution geschah auf Kosten Johann Wilhelms von der Pfalz, der die Oberpfalz und die zweite weltliche Kur wieder herausgeben musste und somit keinen Lohn für sein Engagement im Krieg und bei der Anknüpfung der Friedensgespräche erntete. Unproblematisch waren die Anerkennung der neunten Kurwürde durch Ludwig XIV. und die Wiederherstellung des hansestädtischen Handels in Frankreich. Auch darin, dass die Rijswijker Klausel nicht revidiert werden sollte, waren sich die Unterhändler durchaus einig. Dagegen sagte der Kaiser nur in allgemeiner Form zu, die Ansprüche des Herzogs von Guastalla und des abgesetzten Fürsten von Mirandola zu befriedigen. Die Forderungen anderer Prätendenten wurden nur summarisch erwähnt; sie sollten auf der Reichsfriedenskonferenz erörtert werden, allerdings den Definitivfrieden nicht verhindern dürfen. Das verhieß kaum Chancen auf eine Erfüllung dieser Forderungen, zumal die Dauer der Folgekonferenz auf zwei bis drei Monate befristet wurde.

Die Reichsfriedenskonferenz, die im Sommer 1714, nachdem die eigentlichen Entscheidungen bereits in Rastatt gefallen waren, im schweizerischen Kurort Baden stattfand, war im Grunde ein nachgeholter Kongress. Dabei war sein Erscheinungsbild durchaus prächtig: Abermals umfasste die französische Gesandtschaft ca. 300 Personen, und es fanden sich Beauftragte von 65 Mächten und Einzelpersonen ein, denn der Kongress sollte ja nach den Rastatter Bestimmungen Dritten ein Forum zur Artikulation ihrer Interessen bieten. Die Voraussetzungen dafür waren aber denkbar schlecht. Die im Rastatter Vertrag vorgesehene Reichsfriedensdeputation kam nicht zustande, sodass die eigentlichen Verhandlungen wiederum strikt bilateral zwischen Kaiserlichen und Franzosen stattfanden. Allen übrigen Interessierten blieb nur die Möglichkeit schriftlicher Eingaben, deren Beratung jedoch regelmäßig blockiert wurde. So kam es, dass der am 7. September 1714 unterzeichnete Friedensvertrag im Wesentlichen die Rastatter Bestimmungen wiederholte. Es fand sich eine allgemeine kaiserliche Zusicherung, dem Herzog von Guastalla, dem Fürsten von Castiglione und Francesco Maria Pico della Mirandola Gerechtigkeit zuteilwerden zu lassen. Alle anderen Prätendenten wurden mit ihren Forderungen schlicht an den Wiener bzw. Versailler Hof verwiesen. Tatsächlich bestand der größte Unterschied zwischen den Verträgen von Rastatt und Baden in ihrer Form, da der Badener Frieden dem Reichsstil entsprechend lateinisch abgefasst war. Unter den frustrierten Vertretern der Mindermächtigen kursierte das Wort, man hätte sich den aufwändigen Kongress sparen und die Übersetzungsarbeit durch sprachbegabte Notare erledigen lassen können. Viele von ihnen blieben der feierlichen Vertragsunterzeichnung fern. Zahlreiche Protestationen (Rechtsverwahrungen) wurden eingelegt. Allgemein herrschte im Reich Ernüchterung vor, denn das mit so viel Aufwand verfolgte Ziel einer Reichsbarriere hatte man nicht erreicht. Auch die von den evangelischen Reichsständen angestrebte Revision der Rijswijker Klausel unterblieb. Insgesamt kann man den Frieden als einen kaiserlich-französischen Interessenausgleich betrachten, der zumindest partiell auf Kosten Mindermächtiger erfolgte. Für Österreich hatten die kaiserlichen Diplomaten dagegen so viel herausgeholt, wie angesichts der militärischen Lage nur zu erhoffen war.

V. Ergebnisse und Folgen des Krieges

Jenseits der für die betroffenen Territorien und Dynastien durchaus gravierenden Konsequenzen der einzelnen Bestimmungen der Friedensverträge von 1713/14 besaß der Spanische Erbfolgekrieg für das europäische Staatensystem Zäsurcharakter. Er stellt einen entscheidenden Schritt auf dem Weg zu einem Staatensystem im eigentlichen Sinne dar. Denn das durch den Frieden von Utrecht implementierte Konzept eines Gleichgewichts der Kräfte ging ja von einem begrenzten Kreis miteinander kommunizierender und sich gegenseitig ausbalancierender Akteure aus.

Entscheidende Bedeutung kam im Gleichgewichtssystem den großen Mächten zu, deren Kreis allerdings am Beginn des 18. Jahrhunderts noch nicht fixiert war: Frankreich, Großbritannien und Österreich gehörten unzweifelhaft dazu. Wie sich die Position der Vereinigten Niederlande und Spaniens entwickeln würde, war aber noch nicht absehbar. Dass Schweden seinen Großmachtstatus verloren hatte, Russland aber auf dem Weg unter die führenden Mächte war, zeichnete sich am Ende des Nordischen Kriegs 1721 bereits ab, kaum aber, dass das kleine Preußen binnen weniger Jahrzehnte in diesen elitären Zirkel aufsteigen würde.

Nachdrücklich zu betonen ist, dass Gleichgewichtspolitik keineswegs Gleichberechtigung aller Akteure bedeutete, sondern sich in erster Linie auf die Ausbalancierung der Großmächte bezog. Für die kleinen und kleinsten Staaten Europas wurde das politische Klima im 18. Jahrhundert sogar rauer, weil zum Gleichgewichts- das Konvenienzprinzip gehörte. Das bedeutete, dass Friede und Gleichgewicht zwischen den Großmächten auch durch einen Interessenausgleich gesichert werden konnten, der nicht selten auf Kosten der Mindermächtigen ging. Das wurde von diesen bereits anlässlich der Friedensschlüsse von 1713/14 besorgt reflektiert, nahm aber im Verlauf des 18. Jahrhunderts für kleine Dynastien und Staaten zunehmend bedrohliche Züge an, als einige italienische Fürstentümer zur Manövriermasse für den habsburgisch-bourbonischen Ausgleich wurden und immer wieder über die Säkularisation deutscher Fürstbistümer nachgedacht wurde. Seine heftigsten Auswüchse erreichte das Konvenienzprinzip in den drei Teilungen Polens ab 1772 und in den territorialen Umwälzungen der Epoche der Französischen Revolution und Napoleons, die hunderte weltliche und geistliche Herrschaften sowie Stadtrepubliken von der Landkarte wegfegten.

Auch die Verfestigung der Unterschiede zwischen «großen» und «kleinen» Mächten ist in der Zeit des Spanischen Erbfolgekriegs anzusiedeln. Brandenburg-Preußen und Savoyen waren vor den

Umwälzungen der napoleonischen Ära die Letzten, denen der Aufstieg unter die «gekrönten Häupter» gelang, die nach den zeitgenössischen Vorstellungen allein die volle Souveränität besaßen. Alle anderen Staatswesen waren den königlichen Mächten nicht nur in Rang und Zeremoniell, sondern auch in ihren Rechten nachgeordnet – und das konnte für sie äußerst nachteilige Folgen haben.

Obwohl die auf Gleichgewicht und Konvenienz beruhende Ordnung von Utrecht nicht mit der «klassischen» europäischen Pentarchie des späten 18. Jahrhunderts oder gar dem «europäischen Konzert» des 19. Jahrhunderts gleichzusetzen ist, so lassen sich doch einige Gemeinsamkeiten feststellen, zuallererst eben die Vorstellung eines Gleichgewichts der Mächte als Grundvoraussetzung des Friedens und der Wohlfahrt Europas. Außerdem gab es im zweiten und dritten Jahrzehnt des 18. Jahrhunderts Versuche eines kollektiven Krisen- und Konfliktmanagements, das durchaus gewisse Parallelen zur Kongress- und Konferenzdiplomatie des 19. Jahrhunderts aufweist. Insbesondere die Londoner Quadrupelallianz von 1718 und die Kongresse von Cambrai (1724–1725) sowie von Soissons (1728–1729) sind hier zu nennen.

Nach dem langwierigen Erbfolgekrieg gab es aber auch noch weit ambitioniertere Projekte der Friedenswahrung. Besondere Bekanntheit erreichte der Plan eines immerwährenden europäischen Friedens («Projet pour rendre la paix perpétuelle en Europe») des Abbé Charles-Irénée Castel de Saint-Pierre, den er ab 1712 veröffentlichte und der von Leibniz über Rousseau bis Kant kritische und zustimmende Reaktionen hervorrief. Der französische Frühaufklärer wollte es nicht bei einem fragilen Mächtegleichgewicht als friedewahrendem Mechanismus bewenden lassen, sondern entwickelte das Projekt eines unauflöslichen Bündnisses der europäischen Mächte, eines Bundesrats nach dem Vorbild des Regensburger Reichstags und einer verpflichtenden Schiedsgerichtsbarkeit, die auch ein Interventionsrecht gegenüber Friedensstörern beinhaltete.

Auch wenn Saint-Pierres Konzept niemals umgesetzt wurde, waren die Jahrzehnte nach dem Spanischen Erbfolgekrieg eine

Phase relativen Friedens in Europa. Dies lag nicht zuletzt an der allgemeinen Kriegsmüdigkeit sowie an der über Utrecht hinaus andauernden Kooperation der beiden führenden Mächte Frankreich und Großbritannien. Unruhe stifteten demgegenüber die mit den Ergebnissen der Verträge von 1713/14 Unzufriedenen, die ihren Kriegszustand de jure noch nicht beendet hatten: der Kaiser und, vor allem, Spanien. Denn unter dem Einfluss seiner ehrgeizigen zweiten Gemahlin Elisabeth Farnese und ihres Ratgebers Giulio Alberoni war Philipp V. bestrebt, verlorenes Terrain in Italien zurückzuerobern. Ein wichtiger Ansatzpunkt hierfür waren die Erbansprüche Königin Elisabeths auf Parma-Piacenza und die Toskana, die sie für ihren Erstgeborenen Don Carlos geltend machte. Als aber 1718, während Kaiser Karl VI. in einen Türkenkrieg verwickelt war, die neue spanische Kriegsflotte das österreichische Sardinien eroberte und anschließend auf Sizilien landete, rief das auch die unbeteiligten Mächte auf den Plan. Die spanische Flotte wurde am 11. August durch die Briten unter Admiral Byng bei Kap Passero vor der sizilianischen Küste zerstört. Schon am 2. August war in London die sogenannte Quadrupelallianz aus Großbritannien, Frankreich, den Vereinigten Niederlanden und Österreich geschlossen worden. Nachdem Spanien zunächst versucht hatte, den vier Mächten Widerstand zu leisten, musste es sich 1720 doch bequemen, der Allianz beizutreten, die 1718 vereinbarten Bedingungen zu akzeptieren und auf die besetzten Inseln zu verzichten, von denen Sardinien nun an das Haus Savoyen, Sizilien aber an Karl VI. fiel – für diesen ein durchaus vorteilhafter Tausch. Dafür musste der Kaiser die Erbansprüche der Söhne Elisabeth Farneses auf Parma-Piacenza und die Toskana anerkennen – eine bittere Pille, auch wenn zugleich die bis dahin umstrittene Reichslehnshoheit über beide Territorien ausdrücklich festgestellt wurde.

Die Frage der Rückkehr Spaniens nach Italien blieb weiterhin ein Problem der europäischen Politik, das ebenso wenig wie die Erbansprüche der Gonzaga von Guastalla auf Mantua und andere 1713/14 ungeklärt gebliebene Fragen auf den Kongressen von Cambrai und Soissons gelöst werden konnte. Die Unzufriedenheit Karls VI. und Philipps V. respektive Elisabeth Farneses mit Frankreich und Großbritannien führte 1725 zu einer überraschenden diplomatischen Volte, als der Kaiser und Spanien im Vertrag von Wien einen Interessenausgleich erreichten, der unter anderem eine Ehe zwischen einem spanischen Infanten und der österreichischen Erzherzogin Maria Theresia vorsah. Letztmals erschien so eine Neuauflage des Reiches Karls V. möglich – nunmehr unter einem spanischen Bourbonen. Doch das war wenig mehr als eine Momentaufnahme in der wechselhaften europäischen Diplomatie der 1720er Jahre. Schließlich wurde im Polnischen Thronfolgekrieg (1733–1735/38) und erneut im Österreichischen Erbfolgekrieg (1740–1748) doch wieder Krieg in und um Italien geführt, mit dem Ergebnis, dass der spanische Infant Don Carlos im Wiener Frieden (1735/38) die Königreiche Neapel und Sizilien samt dem Stato dei Presidii und sein jüngerer Bruder Philipp im Aachener Frieden (1748) Parma, Piacenza und Guastalla erhielt. Österreich wurde letztlich auf das zugunsten des Hauses Savoyen abermals verkleinerte Herzogtum Mailand, Mantua sowie, als Sekundogenitur, die Toskana zurückgeworfen.

Was dem Haus Österreich bis zum Ende des 18. Jahrhunderts aus dem spanischen Erbe weiterhin verblieb, waren die südlichen Niederlande, die allerdings gegen Frankreich kaum zu verteidigen waren und deren Wert durch den Barrierevertrag zugunsten der Generalstaaten geschmälert wurde. Das Projekt, durch die neugegründete Ostendekompanie in den Ostindienhandel einzusteigen, stieß auf erbitterten britischen Widerstand, sodass Karl VI. die Kompanie nach dem Zweiten Wiener Vertrag (1731) endgültig liquidieren musste. Der Versuch des Kaisers, an die spanische Kolonialtradition anzuknüpfen, scheiterte also schon im Ansatz. Gleichwohl betonte Karl zeit seines Lebens die Kontinuität zu den spanischen Habsburgern. Er führte bis zu seinem Tod den Titel eines Katholischen Königs, beanspruchte (ebenso wie Philipp V.) das Großmeisteramt des Ordens vom Goldenen Vlies und brachte auch in Zeremoniell und Repräsentation zum Ausdruck, dass er der legitime Katholische König sei. Bei manchen Zeitgenossen und in der deutschsprachigen Historiographie stieß auf deutliche Kritik, dass er die vormals spanischen Gebiete *more hispanico* durch den von ihm gegründeten Spanischen Rat verwalten ließ, der zum erheblichen Teil aus Männern gebildet wurde, die ihm schon in seiner katalanischen Zeit gedient hatten.

Schließlich – und das war gewiss eine unliebsame Parallele zu den letzten spanischen Habsburgern – sah sich auch Karl VI. mit einer dynastischen Krise konfrontiert, da ihm nach dem frühen Tod seines einzigen Sohnes nur Töchter als Erbinnen verblieben. Er bemühte sich zwar, durch die reichs- und völkerrechtliche Anerkennung der Pragmatischen Sanktion von 1713 seiner Erbtochter Maria Theresia (* 1717, reg. 1740–1780) die ungefährdete Nachfolge zu sichern, doch bekanntermaßen vergeblich.

Besonders folgenreich war der Spanische Erbfolgekrieg zweifellos für Spanien selbst. Auch wenn man die Reformansätze der Zeit Karls II. heute stärker würdigt und den autochthonen Charakter der unter den spanischen Bourbonen gefundenen Lösungen betont, kann doch kein Zweifel daran bestehen, dass 1700 nicht einfach ein Austausch der Herrscherdynastie stattgefunden hat. Vielmehr verstärkte sich der französische Einfluss im Land erkennbar. Wenn aber euphorische Stimmen zunächst meinten, durch den Regierungsantritt Philipps V. würde die Pyrenäengrenze bedeutungslos, so traf das sicher nicht zu, weder wirtschaftlich noch kulturell und auch nicht auf diplomatischer Ebene. Hatte die Kooperation zwischen den beiden Bourbonenkronen trotz erheblicher zwischenzeitlicher Irritationen den Krieg insgesamt überstanden, so erlitt sie durch den Tod Ludwigs XIV. einen herben Schlag. Einen Höhepunkt der Spannungen zwischen Madrid und Versailles stellte die Cellamare-Affäre von 1718 dar, als der spanische Gesandte mit französischen Adligen gegen den Herzog von Orléans intrigierte, um Philipp V. statt seiner als Regent für den unmündigen Ludwig XV. einzusetzen. Umgekehrt empfand der spanische Hof 1725 die Rücksendung der als Braut Ludwigs vorgesehenen Infantin Maria Anna, um den Weg für eine Ehe mit der Polin Maria Leszczyńska frei zu machen, als beispiellose Kränkung. Freilich war die spanisch-französische Eiszeit nicht von Dauer, und aufs Ganze gesehen dominierten die Phasen der Kooperation zwischen beiden Kronen. Insbesondere die 1733, 1743 und 1761 geschlossenen bourbonischen Familienpakte betonten die Einheit der Gesamtdynastie, doch bewahrten die spanischen Bourbonen bei alledem ihre politische Eigenständigkeit.

Insofern war die Rechnung derjenigen Spanier, die auf eine rasche Einwurzelung der neuen Dynastie gesetzt hatten, aufgegangen. Nicht aufgegangen war hingegen das Kalkül, das spanische Reich ungeschmälert zu erhalten. Zwar kehrte durch die seit den 1730er Jahren etablierten Sekundogenituren der spanische Einfluss partiell nach Italien zurück; die lästige Präsenz der Briten im Mittelmeer wie in den Kolonien konnte man aber nicht beenden. Ein Versuch zur Rückeroberung Gibraltars (es sollte nicht der letzte sein) scheiterte 1727.

Zweifellos besitzen der Spanische Erbfolgekrieg und seine Ergebnisse auch für Großbritannien erhebliche Bedeutung. Für die Whig-Historiographie und die von ihr vertretene Meistererzählung war er ein weiterer Schritt der «Elect Nation» auf dem Weg zur wohlverdienten Weltherrschaft. Völlig geradlinig verlief dieser Aufstieg aber nicht, und trotz aller 1713 errungenen Vorteile dauerte es noch 50 Jahre, bis im Frieden von Paris Frankreich als konkurrierende Kolonialmacht aus dem Felde geschlagen war.

Unterschiedlich bewertet wird die Phase der britisch-französischen Kooperation nach dem Spanischen Erbfolgekrieg: War sie eine bloße Episode oder gar Verirrung, und der Wiener Vertrag von 1731 stellte mit dem österreichisch-englischen Bündnis die Norm(alität) wieder her? Oder konnte die durch das Direktorium der beiden westeuropäischen Führungsmächte geprägte Zeit relativen Friedens Epochen- bzw. Vorbildcharakter für eine «alternative» europäische Mächtepolitik beanspruchen?

Differenziert zu beantworten ist schließlich auch die Frage nach der globalen Bedeutung des Spanischen Erbfolgekriegs. Fest steht, dass neben den europäischen Kriegsschauplätzen auf dem amerikanischen Kontinent und den Weltmeeren gekämpft wurde und dass die Utrechter Friedensbestimmungen auch die Entwicklung der amerikanischen Kolonien sowie des transatlantischen Handels massiv beeinflussten und nicht zuletzt wegen des *Asiento* in den afrikanischen Kontinent hineinwirkten. Sollte man deswegen von einem Weltkrieg sprechen? Oder nicht vielleicht doch eher von einem vorwiegend westeuropäischen Krieg mit globalen Auswirkungen?

VI. Der Spanische Erbfolgekrieg als Erinnerungsort

Besitzt eine interdynastische Auseinandersetzung des frühen 18. Jahrhunderts am Beginn des 21. Jahrhunderts noch ein Potential als Erinnerungsort (frz. *lieu de mémoire*) im Sinne einer «bedeutsame[n] Einheit ideeller oder materieller Art, die durch menschlichen Willen oder durch das Werk der Zeiten zu einem symbolischen Element des Gedächtnis-Erbes irgendeiner Gemeinschaft gemacht worden ist» (Pierre Nora)? Mit anderen Worten: Ist der Spanische Erbfolgekrieg heute noch ein Fixpunkt im Geschichtsbild einer menschlichen Gemeinschaft? Diese Frage wird man bejahen können, da für eine Reihe von europäischen Völkern unterschiedliche Aspekte dieses Konflikts bis in die Gegenwart ein identitätsstiftendes Potential besitzen.

Zunächst gilt dies zweifelsohne für Spanien. Einerseits hat die immer noch herrschende Dynastie der spanischen Bourbonen ihren Ursprung in diesem Erbfolgekrieg; andererseits ist er auch ein negativ besetzter Erinnerungsort: Da er phasenweise den Charakter eines kastilisch-katalanischen Bürgerkriegs annahm, besitzt er einen hohen Stellenwert in der langen Geschichte der Spannungen zwischen Madrid und Katalonien, denn immerhin hatte der Nordosten der Iberischen Halbinsel damals über mehrere Jahre seinen eigenen König in Barcelona – und büßte das mit dem weitgehenden Verlust seiner Autonomierechte. Ein eng mit dem Erbfolgekrieg verknüpfter Erinnerungsort ist Gibraltar, der bis in unsere Zeit aus spanischer Perspektive als ein zu tilgendes Schandmal der nationalen Demütigung betrachtet werden kann – man denke nur an die Grenzsperrung 1969–1985.

Für Großbritannien ist Gibraltar hingegen eine positiv besetzte Reminiszenz an den Aufbau seines Empires. Blenheim Castle verweist schon in seinem Namen ausdrücklich auf die britischen Siege des Erbfolgekriegs, ja es ist förmlich als Gedächtnisort Marlboroughs gebaut worden und wirkt bis heute als Monument der Größe des Herzogs wie der britischen Nation. Im Verlauf der Zeit hat es weitere memorialgeschichtliche Aufladungen erfahren, beispielsweise als Geburtsort Winston Churchills, der seinerseits durch seine Marlborough-Biographie sozusagen eine Brücke zwischen dem 18. und dem 20. Jahrhundert schlug, und zwar noch bevor er als siegreicher Premierminister des Zweiten Weltkriegs in die ruhmreichen Fußstapfen seines Ahnherrn trat.

Mit Nachdruck zu einem Erinnerungsort aufgebaut wurde auch eine andere Schlacht des Spanischen Erbfolgekriegs: Turin 1706. Durch die Errichtung einer vom bedeutenden Architekten Juvarra geplanten Votivkirche, der Basilica di Superga, auf ebendem Hügel, von dem aus er gemeinsam mit seinem Vetter Prinz Eugen die Lage vor der Schlacht sondiert hatte, sorgte Herzog Viktor Amadeus II. dafür, dass sein Sieg nicht in Vergessenheit geriet. Indem er die Basilica sogar zur Grablege seiner Familie bestimmte, markierte er die Schlacht zugleich als wichtige Etappe des Aufstiegs der eigenen Dynastie.

Die Belagerung und die Schlacht von 1706 besitzen auch in der Turiner Stadtgeschichte einen hohen Stellenwert: Pietro Micca, ein 29-jähriger Mineur, der während der Belagerung einen Minentunnel sprengte und dabei den eigenen Tod in Kauf nahm, wird wie ein Märtyrer verehrt und ist Namengeber des die Ereignisse von 1706 präsentierenden Turiner Museums. Bis heute erinnern auch das Stadtviertel «Borgata Vittoria» und zahlreiche Straßennamen an die Schlacht und ihre Akteure. Den Wandel der Erinnerung kann man besonders gut an den Jahrestagen nachvollziehen: Während das Jubiläum von 1906 ganz im nationalistischen Geist stand, war die Ausrichtung 2006 prononciert europäisch.

Im deutschen Sprachraum spielt der Spanische Erbfolgekrieg als Erinnerungsort, jedenfalls im nationalen Maßstab, keine große Rolle. Das hängt sicher damit zusammen, dass er im Schatten anderer frühneuzeitlicher Kriege steht, nicht nur des alles überschattenden Dreißigjährigen Krieges, sondern auch des Pfälzischen Erbfolgekriegs mit seinen im deutschen Südwesten bis heute sichtbaren Zerstörungen. Signifikant anders ist die Lage in Bayern, das beispielsweise 2004 mit einer großen, europäisch ausgerichteten Ausstellung in Schloss Höchstädt der gleichnamigen Schlacht gedachte. Vor allem aber hat sich die Sendlinger Mordweihnacht von 1705 zu einem erstrangigen *lieu de mémoire* entwickelt, der, je nach Bedürfnis und Interessenlage, sehr unterschiedlich gefüllt worden ist: Sie konnte als Zeugnis des bayerischen Patriotismus und der Loyalität zu den angestammten wittelsbachischen Obrigkeiten, aber auch als bäuerliche Revolution interpretiert werden oder, in Erinnerung an das «Braunauer Bauernparlament», zur Konstruktion einer frühparlamentarischen Tradition herangezogen werden.

Der Erinnerungsort Mordweihnacht ist zugleich mit einem – nicht sehr präzisen – Feindbild verbunden, denn diese im Osten zu lokalisierenden Feinde waren ja die Täter von Sendlingen. Dies trifft in ähnlicher Weise auf den österreichischen Erinnerungsort der Kuruzzeneinfälle zu, der bis heute, nicht wie im Fall Sendlingen durch im 19. und 20. Jahrhundert errichtete Denkmäler, sondern durch Reste der seinerzeit errichteten «Kuruzzenschanze» im österreichisch-ungarischen Grenzgebiet sinnlich erfahrbar ist. Einen viel bedeutenderen Erinnerungsort der nationalen Freiheitsliebe stellt der Kuruzzenaufstand allerdings in Ungarn dar, konzentriert auf die Person Franz Rákóczis, dem nicht nur ein Lied und ein Marsch gewidmet und mehrere Denkmäler errichtet wurden, sondern dessen Konterfei bis heute die ungarische 500-Forint-Banknote ziert.

Es gibt also nicht den einen einheitlichen, europäischen Erinnerungsort Spanischer Erbfolgekrieg, wohl aber eine ganze Reihe spezifischer nationaler Erinnerungsorte, die mit diesem Konflikt verknüpft sind. In diesem Sinne könnte man sagen, dass der Spanische Erbfolgekrieg ein geteilter europäischer Erinnerungsort ist. Zahlreiche weitere regionale oder lokale Erinnerungsorte, die häufig mit einer konkreten Schlacht verbunden sind, konnten hier nicht genannt werden. Auffällig ist aber, dass es einen erstrangigen französischen Erinnerungsort, der mit diesem Konflikt verknüpft wäre, anscheinend nicht gibt. Das mag, ähnlich wie im deutschen Fall, daran liegen, dass aus französischer Perspektive dieser Krieg im Schatten anderer Konflikte steht, da er weder zu spektakulären Erfolgen noch – trotz aller Kriegstoten und materiellen Verluste – in eine Katastrophe führte.

Zeittafel

Die Zeittafel gibt einen Überblick über die wichtigsten Ereignisse während des Spanischen Erbfolgekriegs sowie in den unmittelbaren Vor- und Nachkriegsjahren. Die Datumsangaben beziehen sich auf den Gregorianischen Kalender. Fanden die angegebenen Ereignisse in Ländern statt, in denen noch der Julianische Kalender galt (also nach 1699 v. a. auf den britischen Inseln), findet sich eine Doppeldatierung.

	1698
21. (11.) Oktober	Sog. Erster Teilungsvertrag
	1699
6. Februar	Tod des bayerischen Kurprinzen Joseph Ferdinand
	1700
13. (3.)/25. März	Sog. Zweiter Teilungsvertrag
3. Oktober	Letztes Testament Karls II. von Spanien
1. November	Tod Karls II. von Spanien
15. November	Preußischer Krontraktat
23. November	Papstwahl Clemens' XI.
23. November	Fränkisch-schwäbische Kreisassoziation
24. November	Proklamation Philipps V. zum span. König
	1701
18. Januar	Krönung des ersten preußischen Königs Friedrich I.
1. Februar	Bestätigung der frz. Thronansprüche Philipps V. durch das Pariser Parlement
5./6. Februar	Frz. Besetzung der niederl. Barrierefestungen
13. Februar	Kurkölnisch-frz. Defensivbündnis
18. Februar	Einzug Philipps V. in Madrid
9. März	Bayerisch-frz. Defensivbündnis
11. Mai	Kaiserl. Edikt über Heimfall aller span. Reichslehen
12. (1.) Juni	*Act of Settlement*
18. Juni	Allianz zwischen Frankreich, Spanien und Portugal
9. Juli	Schlacht von Carpi
4. August	Großer Friede von Montreal
26. August	Übertragung des *Asiento de Negros* an die frz. Guineakompanie
31. August	Heilbronner Kreisassoziation

1. September	Schlacht von Chiari
7. September	Haager Große Allianz
16. September	Tod Jakobs II. Stuart
22./23. September	Antibourbonischer Aufstand in Neapel

1702

19. (8.) Februar	Tod Wilhelms III. von Oranien; Regierungsantritt Königin Annas
16./20./24. März	Nördlinger Kreisassoziation und Anschluss an die Große Allianz
20. März	Vertreibung Anton Ulrichs von Braunschweig-Wolfenbüttel
15. Mai	Kriegserklärungen der Haager Alliierten an Ludwig XIV.
9. Juni	Kriegserklärungen Philipps V. an die Haager Alliierten
11. Juni/3. November	Heirat Philipps V. mit Maria Luisa Gabriella von Savoyen
15. Juni	Übergabe von Kaiserswerth an die Alliierten
17. Juni	Zweiter bayerisch-frz. Bündnisvertrag
2. Juli	Frz. Kriegserklärungen an die Haager Alliierten
15. August	Schlacht bei Luzzara
August/September	(Gescheiterter) alliierter Angriff auf Cádiz
5. Oktober	Reichskriegserklärung an Frankreich
12. Oktober	Seeschlacht in der Bucht bei Vigo (Rande)

1703

16. Mai	Verträge von Lissabon: Beitritt Portugals zur Großen Allianz
August – Oktober	*Northeast Coast Campaign*
5. September	Geheimer habsburgischer Hausvertrag von Favoriten
12. September	Habsburgisches «Pactum mutuae successionis» und Ausrufung «Karls III.» zum span. König
20. September	Erste Schlacht von Höchstädt
8. November	Kaiserl.-savoyischer Vertrag von Turin
27. Dezember	Methuen-Vertrag

1704

9. März/2. Juni	Proklamationen «Karls III.» von Évora und Santarém
30. April	Kriegserklärung Philipps V. an Portugal und den «Erzherzog von Österreich»
2. Juli	Schlacht am Schellenberg
4. August	Brit. Eroberung Gibraltars
13. August	(Zweite) Schlacht von Höchstädt/Blenheim
24. August	Seeschlacht bei Málaga
7. November	Vertrag von Ilbesheim

1705

5. Mai	Tod Kaiser Leopolds I.; Nachfolge Josephs I.
16. August	Schlacht von Cassano
September	Ungarischer Reichstag von Szécsény
9. Oktober	Übergabe Barcelonas an die Alliierten
24./25. Dezember	Sendlinger Mordweihnacht

1706

26. April	Schlacht von Ramillies
26. April	Ächtung bzw. Absetzung der Kurfürsten von Bayern und Köln
27. Juni	Alliierte Besetzung Madrids (bis zum 5. August)
30. Juni	Verhängung der Reichsacht über den Herzog von Mantua
7. September	Schlacht von Turin
24. September	Schwedisch-sächsischer Friede von Altranstädt

1707

13. März	Waffenstillstand von Mailand
25. April	Schlacht bei Almansa
2. Mai	Seeschlacht von Kap Béveziers (Beachy Head)
14. Juli – 22. August	Belagerung Toulons
1. September	Konvention von Altranstädt
21. Oktober	Seeschlacht bei Kap Lizard

1708

24. Mai	Kaiserl. Besetzung Comacchios
23. Juni	Belehnung Johann Wilhelms von der Pfalz mit der zweiten weltlichen Kur, der Oberpfalz und dem Erztruchsessenamt
11. Juli	Schlacht von Oudenaarde
3. August	Niederlage der Kuruzzen in der Schlacht bei Trenčin
26. September	Eroberung von Port Mahón durch die Briten

1709

15. Januar	Päpstl.-kaiserl. Friede
29. Mai	Unterzeichnung der Haager Friedenspräliminarien
11. September	Schlacht von Malplaquet
14. September	Tod des Kardinals Portocarerro
29. Oktober	Erster Barrierevertrag

1710

März–Juli	Friedensverhandlungen von Geertruidenberg
27. Juli	Schlacht bei Almenara
20. August	Schlacht bei Zaragoza
28. September	Einzug «Karls III.» in Madrid
Oktober–November	Brit. Unterhauswahlen: Sieg der Tories

13. Oktober	Kapitulation von Port Royal (Akadien)
9. Dezember	Kapitulation General Stanhopes in Brihuega
10. Dezember	Schlacht bei Villaviciosa

1711

Januar	Entlassung Sarah Churchills aus allen Hofämtern
14. April	Tod des Grand Dauphin Ludwig
17. April	Tod Kaiser Josephs I.; Nachfolge «Karls III.» in Österreich
29. April	Friede von Szatmár
12. Sept. (27. Sept.)	Fall der Festung Bouchain
8. Oktober	Unterzeichnung der brit.-frz. Friedenspräliminarien
12. Oktober	Kaiserwahl Karls VI.
22. Dezember	Kaiserkrönung Karls VI.

1712

9. Jan. (27. Dez. 1711)	Entlassung des Herzogs von Marlborough
29. Januar	Eröffnung des Friedenskongresses von Utrecht
18. Februar	Tod Herzog Ludwigs von Burgund
24. Juli	Schlacht bei Denain
29. Dezember	Brit.-frz. Konvention zur Herstellung des Friedens

1713

30. Januar	Zweiter Barrierevertrag
23. März	Vertrag von Madrid über den *Asiento de Negros*
11./12. April	Friedensverträge Frankreichs mit Großbritannien, Portugal, Preußen, Savoyen und den Vereinigten Niederlanden
13. Juli	Friedensverträge Spaniens mit Großbritannien und Savoyen
20. August	Zweite frz. Rückeroberung Landaus
16. November	Frz. Eroberung Freiburgs
26. November	Beginn der Rastatter Friedensverhandlungen

1714

6./7. März	Friede von Rastatt
4. Mai	Tod Herzog Karls von Berry
26. Juni	Span.-niederl. Vertrag
12. (1.) August	Tod Königin Annas von Großbritannien; Nachfolge Georgs I.
7. September	Rastatter Friede
13. September	Kapitulation Barcelonas

1715

6. Februar	Span.-portugiesischer Friede
11. November	Dritter Barrierevertrag

Auswahlbibliographie

Álvarez-Ossorio Alvariño, Antonio (Hg.): Famiglie, nazioni e monarchia. Il sistema europeo durante la guerra di successione spagnola. Roma 2004.

Ders. u. a. (Hg.): La pérdida de Europa. La guerra de sucesión por la Monarquía de España. Madrid 2007.

Aretin, Karl Otmar Freiherr von: Das Alte Reich 1648–1806. Bd. 2: Kaisertradition und österreichische Großmachtpolitik (1684–1715). Stuttgart 1997.

Bastian, Corina: Verhandeln in Briefen. Frauen in der höfischen Diplomatie des frühen 18. Jahrhunderts. Köln/Weimar/Wien 2013.

Bély, Lucien: Espions et ambassadeurs au temps de Louis XIV. Paris 1990. ND 2008.

De Schryver, Reginald: Max II. Emanuel und das spanische Erbe. Die europäischen Ambitionen des Hauses Wittelsbach 1665–1715. Mainz 1996.

Dickinson, W. Calvin/Hitchcock, Eloise R. (Bearb.): The War of the Spanish Succession, 1702–1713. A selected bibliography. Westport, Conn. 1996.

Duchhardt, Heinz (Hg.): Rahmenbedingungen und Handlungsspielräume europäischer Außenpolitik im Zeitalter Ludwigs XIV. Berlin 1991.

Ders./Espenhorst, Martin (Hg.): Utrecht – Rastatt – Baden 1712–1714. Ein europäisches Friedenswerk am Ende des Zeitalters Ludwigs XIV. Göttingen 2013.

Edelmayer, Friedrich u. a. (Hg.): Hispania – Austria III: Der Spanische Erbfolgekrieg. Wien/München 2008.

Erichsen, Johannes (Hg.): Die Schlacht von Höchstädt: Brennpunkt Europas 1704. Begleitbuch zur Ausstellung in Schloss Höchstädt an der Donau, 1. Juli bis 7. November 2004. Ostfildern 2004.

Frey, Linda/Frey, Marsha: A question of Empire. Leopold I and the war of the Spanish Succession 1701–1705. New York 1983.

González Cruz, David: Une guerre de religion entre princes catholiques. La succession de Charles II dans l'Empire espagnol. Paris 2006.

Hattendorf, John B.: England and the war of the Spanish Succession. A study in the English view and conduct of grand strategy, 1702–1712. New York u. a. 1987.

Kamen, Henry: The War of Succession in Spain 1700–15. London 1969.

Labourdette, Jean-François (Hg.): Tricentenaire de l'avènement des Bourbons en Espagne, 1700–2000. Actes de la VIIe session du Centre des Études Historiques. Paris 2002.

Legrelle, Arsene: La diplomatie française et la succession d'Espagne. 6 Bde. Paris [2]1895–1899.

León Sanz, Virginia: Entre Austrias y Borbones. El Archiduque Carlos y la Monarquía de España (1700–1714). Madrid 1993.

Malettke, Klaus: Hegemonie – multipolares System – Gleichgewicht. Internationale Beziehungen 1648/1659–1713/1714. Paderborn u. a. 2012.

Metzdorf, Jens: Politik – Propaganda – Patronage. Francis Hare und die englische Publizistik im Spanischen Erbfolgekrieg. Mainz 2000.

Sandri Giachino u. a. (Hg.): Torino 1706. 300 anni dall'assedio e dalla battaglia di Torino. Torino 2006.

Stauber, Reinhard/Igelspacher, Martha: «Ein Symbol für unser bayerisches Selbstbewusstsein».

Der Bauernaufstand von 1705/06 in der Geschichtsschreibung. In: Zeitschrift für bayerische Landesgeschichte 71 (2008), S. 539–554.
Stücheli, Rolf: Der Friede von Baden (Schweiz) 1714. Ein europäischer Diplomatenkongress und Friedensschluss des «Ancien Régime». Fribourg 1997.
Weinberger, Elisabeth u. a. (Bearb.): Kinderleben im Konzert der Mächte. Kurprinz Joseph Ferdinand Fürst von Asturien (1692–1699). Ausstellungskatalog. München 2012.
Weissbrich, Thomas: Höchstädt 1704: Eine Schlacht als Medienereignis. Zeitgenössische Publikationen über Sieg und Niederlage. Paderborn u. a. 2011.

Personenregister